若手エンジニアのための

# 建築

## 仮設工事

# テキスト

大屋準三・上長三千良・稲垣秀雄 著

彰国社

装丁／宇那木孝俊（宇那木デザイン室）

# まえがき

　今後、建築の施工現場ではAI（人口知能）やIoT（モノのインターネット）などの連携により、建設ロボットなどを活用した激しいデジタル競争が始まりつつあり劇的な変革が予想される。

　また、国土交通省の施策として、業界内外の連携による働き方改革達成のため、労働環境を悪化させている要因の一つである工期設定について、受発注者双方の責務として不当に短い工期による契約締結を禁止、不適切な契約締結等を行った注文者への実効性のある勧告制度、施工時期の平準化の取組の拡大といった方針を明らかにしている。

　さらに、建築物の超高層化・大深度化・大型化・特殊性等の多様化に伴い、建設生産もデジタル化、機械化、工業化など生産性向上の努力が重ねられ、その生産手段の一つである仮設物も多様化した対応が必要になってきている。営業案件についても、総合評価方式の提案書作成、入札時の施工計画書提出など実施工レベルの綿密で高度な施工計画技術が要求されている。

　本書は2004年に刊行した『建築施工実践テキストⅠ　仮設工事編』をもとに『建築仮設工事テキスト』として、現行の労働安全や環境関連法など関連法規の見直し、仮設物の進歩に呼応するかたちで新たにまとめたものである。さらに若手建築施工管理技術者に、施工管理技術者、またスタッフ部門の技術者として経験を重ねて得た知識とノウハウ、多くのデータを記載することで、施工計画の導入図書として活用されることを目的としている。

　施工計画は重要かつ不可欠な技術であり、QCDSMEすべてに大きく影響を与えるものである。若手の建築施工管理技術者を支援するツールとして、また技術継承のツールとして、本書がこれまで以上に役立つことが関係者一同の願いであり喜びでもある。


　2018年3月

　　　　　　　　　　　　　　　　　　　　　　　上長　三千良

## 目次

まえがき

# 総合施工計画 ..................................... 7

**1** 総合施工計画書の作成まで .................... 8
**2** 工程計画 .................................... 14
**3** 品質管理計画 ................................ 30
**4** 安全衛生管理計画 ............................ 35
**5** 環境管理計画 ................................ 45
**6** 総合仮設計画 ................................ 54

# 仮設インフラ ..................................... 55

**1** 作業所事務所、休憩所 ........................ 56
**2** 現場工場 .................................... 62
**3** 仮囲い、仮門 ................................ 64
**4** 仮設道路、洗車場、駐車場 .................... 71
**5** 安全広場 .................................... 75
**6** 全天候型工事用仮設物 ........................ 77
**7** 乗入れ構台 .................................. 80
**8** 防護構台 .................................... 92
**9** 荷受け構台 .................................. 95
**10** 桟橋通路 .................................... 97
**11** 廃棄物処理、分別場、リサイクル施設 .......... 99
**12** 場内通信設備、入退場管理設備 ............... 103
**13** 安全施設 ................................... 106
**14** 工事用給排水設備 ........................... 116
**15** 工事用電気設備 ............................. 121

# 足場計画 — 129

**1** 足場の目的と機能 — 130

**2** 設計図書の確認 — 131

**3** 計画上の留意点 — 132

**4** 足場の計画 — 146

**5** 無足場工法 — 163

# 揚重運搬設備 — 165

**1** 揚重運搬設備の目的と機能 — 166

**2** 工事内容と施工条件の確認 — 167

**3** 計画上の留意点 — 168

**4** 揚重運搬機械の種類 — 172

**5** 各工事別揚重運搬機械の計画 — 178

**6** 揚重運搬機械の運用 — 189

# 総合施工計画

**1** 総合施工計画書の作成まで

**2** 工程計画

**3** 品質管理計画

**4** 安全衛生管理計画

**5** 環境管理計画

**6** 総合仮設計画

# 1 総合施工計画書の作成まで

発注者の要求を満たす建物を、より品質良く、より安く、より早く、より安全に、より環境に優しく建設するために、どのような工法を採用し、どのような機械や設備を駆使して、どのような手順で施工したらよいかなど、工事全体を総合的に捉えて、基本的な施工の進め方を検討するのが総合施工計画である。

## 1.1 総合施工計画の手順

総合施工計画は、
① 工事内容の把握
② 施工条件の確認
③ 基本方針の設定
④ 施工計画の立案
⑤ 管理計画の立案
⑥ 総合施工計画書の作成
の手順で進める。

TQC の導入に続く ISO 認証取得が当然のこととなっている状況下で、情報伝達や課題検討の場を会議体とし、主催者や出席者を定め、会議の資料、記録の作成、情報の伝達などをルール化し、これらの業務の流れが体系的に運営されている［図1］。

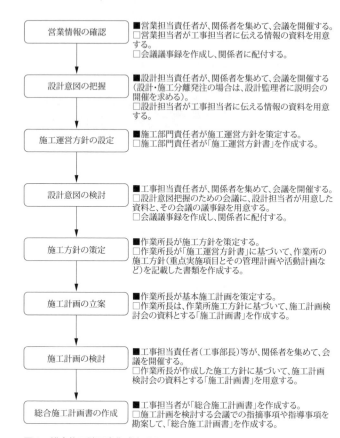

図1　総合施工計画書作成までのフロー

## 1.2 工事内容の把握と施工条件の確認

工事内容を把握し、施工条件を確認するためには、設計図書を精読するだけでなく、営業担当者や設計担当者からの情報の提供を求めることも必要である。また、施工条件の確認には、周辺環境を含めた現地調査などによる情報の補足が必要である。

## ●営業情報の確認

営業担当者に、

①発注者に関する情報

②受注の経緯および契約条件

③法的制約条件および近隣対策上の制約条件

④敷地の履歴および埋設物や埋蔵文化財の有無や状況

⑤土地の形質変更の有無および土壌汚染状況

⑥発注者からの支給品および推薦業者

⑦設計監理者に関する情報（設計施工分離発注の場合）

など、発注者の要求事項や契約条件などに関する情報の提供を求める。

## ●設計意図の把握

設計図書の精読により、発注者の要求事項や設計者の設計意図の概要を理解することができる。しかし、図面や文書での表現がむずかしい事項、設計図書の精読だけでは十分に理解することがむずかしい事項もある。

設計担当者に、

①設計方針および設計品質

②設計上の特徴および留意点

③工事監理の内容および検査の対象項目

④適用する施工管理基準

⑤設計段階での留保事項

など、発注者の要求事項や設計者の設計意図に関する情報の提供を求める。設計施工分離発注の場合には、設計監理者に説明を求める。

## ●敷地および周辺環境の調査

建築工事には、

①工事によって発生する騒音、振動による障害

②建物建設による電波障害

③山留め壁の変形にともなう周辺地盤や直接構造物の変状

④地下水汲み上げによる近隣井戸の枯渇や地盤沈下、排水による水質汚濁

⑤残土搬出や資機材の搬出入にともなう交通渋滞

など、多くの障害が発生するおそれがあり、障害の発生を避けるために、施工方法や手順には制約がある。

これらの近隣に関する情報を含め、営業担当者や設計担当者から提供された制約条件に関する情報の確認や補填、その他必要な情報収集のために、敷地および周辺調査を実施し、必要に応じて該当する障害対策設備を設ける。

主な調査事項は、

①敷地境界線および標石の位置

■ポイント
地下工事の施工計画には近隣での施工実績が最重要事項となるので、社内に地盤情報や地下工事施工時の山留め壁の変位や地下水の情報を蓄積しておく。

総合施工計画　9

②地盤性状（地盤調査報告書の内容や近接した建物の施工実績から把握）

③電力、用水、ガス、電話などの引込みに関する条件

④敷地内および周辺の埋設物、架空線の状況

⑤公共交通機関（地下鉄、鉄道、高速道路など）

⑥近隣状況による制約条件

⑦特定の法的規制や指導事項の有無

などである。

## 1.3 基本方針の設定と施工計画

### ●基本方針の設定

　発注者のニーズ、設計者の意図、工事の特徴、敷地および周辺の状況、制約条件、他部門からの要望などを確認したうえで、作業所の基本方針を設定する。

　基本方針の設定とは、品質（Q：Quality）、コスト（C：Cost）、工期（D：Delivery）、安全（S：Safety）、モラール（M：Morale）、環境（E：Environment）に関する目標と、それを達成するための重点実施事項（重点管理項目と活動計画）を設定することである。

　総合施工計画書作成までの業務の流れを体系化しているゼネコンの多くでは、施工部門の上位者により、各項目についての目標や留意事項などを示した施工運営方針書が起案され、それに基づいて、工事担当者（作業所長）が施工方針を策定する手順が踏まれている。いずれの場合でも、上位者による審査を受け、施工部門の責任者の承認を得るなど、基本方針は社内にオーソライズされたものとしなければならない［表1］。

### ●施工計画の立案

　基本方針に基づいて施工計画を立案する。施工計画の主な内容は、

①重点管理活動計画

②工程管理計画

③総合仮設計画

④主要工事施工計画

⑤安全衛生管理計画

⑥環境管理計画

などである。

### ●施工計画の検討

　上位者および社内技術スタッフなど関係者が、工事担当者（作業所長）が立案した施工計画の内容を確認したうえで、是正が必要と思われる点、施工

---

■ポイント
インフラや公共交通機関が近接している場合、施工協議に長期間を要し、工程計画への影響が大きいので、早期の調査と協議を要する。

■ポイント
M は Morale であり Moral ではない。
Morale：士気、意気込みなど
Moral：道徳的な、倫理的ななど

| | 作業所重点実施事項 | |
|---|---|---|
| 施工運営方針 | 重点管理項目 | 活動計画 |
| Q. 品質<br>1. 基本的な構造機能を確保すること | Q. 品質<br>1-1 鉄筋工事の不具合防止<br>・配筋説明書・配筋事前検討会の実施<br>・配筋間違いの防止<br>・かぶり厚さ不足の防止<br><br>1-2 良好なコンクリート品質の確保<br>・じゃんか、コールドジョイントの防止<br>・工程内検査における圧縮強度の確保 | Q. 品質<br>1-1-1 配筋説明会・事前検討会実施による図面の読込みと作業員・社員への周知<br>1-1-2 鉄筋種別、本数、径、ピッチの全数目視検査の実施<br>1-1-3 全数目視検査によるかぶり厚さの確認<br>1-2-1 コンクリート関係者による打設検討会の実施<br>1-2-2 圧縮強度試験結果100%確認のうえ、型枠支保工解体の実施 |
| 2. 基本的な建物性能を確保すること | 2-1 外壁・開口部からの漏水防止<br><br>2-2 外壁タイルの剥落防止 | 2-1-1 コンクリート打設位置による施工管理<br>2-1-2 サッシ回りの全数止水機構の確認<br>2-2-1 施工前のタイル工事施工検討会の実施<br>2-2-2 浮きの確認、全面打診検査の実施 |
| D. 工期<br>1. 契約工期を厳守すること<br>　着工：20XX年9月1日<br>　竣工：20XX年2月29日<br>　（延べ30カ月） | D. 工期<br>1-1 節目工程の厳守<br>・鉄骨建方5/10<br>・外壁仕上げ完了8/20<br>・受電9/15<br>・外部足場解体完了10/15<br>1-2 作図承認・製作工程の厳守<br>・躯体図承認：施工3週間前<br>・製作図承認：承認スケジュール | D. 工期<br>1-1-1 鉄骨製作状況の管理<br>1-1-2 地下サイクル工程の管理<br>1-1-3 外装パネル早期着手<br>1-1-4 日常進捗管理<br>1-1-5 検査の励行と後工程への適切な提示<br>1-2-1 作図工程表の作成<br>1-2-2 作図管理表による進捗管理<br>1-2-3 製作図管理表の作成<br>1-2-4 製作図管理表による進捗管理 |
| S. 安全<br>1. 事故を起こさないこと<br>・新規入場者教育の徹底<br>・危険作業事前検討会の実施<br>　建物解体、山留め架設・解体、足場組立、解体、クレーン組立・解体、鉄骨建方、立体駐車場、昇降機<br>2. 第三者災害防止の実施 | S. 安全<br>・無事故無災害目標時間：870,000時間<br>1-1 事故を起こさないこと<br>・建物機械・クレーン転倒防止<br>・新規入場者教育100%<br>・鉄骨建方・本締時墜落防止<br>・危険作業事前検討会実施100%<br>2-1 通学路の安全確保 | S. 安全<br>1-1-1 走行路の地盤改良強度の確保<br>1-1-2 新規入場者教育の徹底とフォロー<br>1-1-3 二丁掛け安全帯使用　安全施設の先行設置<br>1-1-4 検討会に基づく作業の遵守と見直し会の実施<br>2-1-1 作業に応じた誘導員の増員（残土搬出、コンクリート打設等） |
| M. モラール<br>1. 生産性の向上を図ること<br><br><br><br><br>2. 社員のスキル向上に努めること<br><br><br>3. 施主・近隣と良好な関係を構築すること | M. モラール<br>（重点管理項目）<br>1-1 社員会を充実させ、風通しの良い職場環境とする<br>1-2 設計図書・施工図の読み合わせにより内容の熟知を図る<br>1-3 女性活躍モデル工事に積極的に取り組む<br>2-1 全社員のOJT面談を半期ごとに実施する<br>2-2 資格取得の推進<br><br>3-1 施主への協力と良好なコミュニケーションの維持<br>3-2 近隣への積極的なアプローチと良好な関係の構築 | M. モラール<br>1-1-1 毎日の工事打合せと週1回の社員会100%実施<br>1-2-1 配筋・タイル工事勉強会を実施<br><br>1-3-1 女性が活躍できる職場、施設の整備<br>2-1-1 社員OJT面談の100%実施<br>2-2-1 1級建築士の資格<br>2-2-2 専門知識の取得（1級土木施工管理技士、コンクリート技士）<br>3-1-1 近隣する施主への影響を最小値とした施工計画<br>3-2-1 町会長への事前協議の実施<br>3-2-2 一斉清掃活動など周囲清掃の実施 |
| E. 環境<br>1. ゼロゴミ推進作業所とすること<br><br><br><br><br><br><br><br>2. 資源の再利用に努めること<br><br><br><br>3. 地球温暖化防止に寄与すること | E. 環境<br>1-1 排出総量最終処分量の低減<br>・目標：建設廃棄物の発注抑制<br>・目標値（竣工時累計）<br>　排出総量：2,098m³(2.8kg/m²)以下<br>　最終処分量：2.77m³(2.8kg/m²)以下<br>　管理基準：3カ月連続して計画値を超えない<br><br>2-1 グリーン調達の推進<br>・目標：グリーン品目の採用と調達<br>・目標値：10品目以上<br>・監視測定：調達品目数の計測<br>3-1 温室効果ガスの削減<br>・目標値：達成度ランクA<br>・管理基準：活動報告の時点で計画値を下回らない | E. 環境<br>1-1-1 一般廃棄物と産業廃棄物の分別<br>1-1-2 有価物の分別回収<br>1-1-3 工程に即した分別ヤード設置と管理<br>1-1-4 メーカーリサイクルの利用<br>1-1-5 協力会社・作業員への指導教育<br>1-1-6 排出量の確認<br><br>2-1-1 対象品目の選定<br>　原設計14品目、現場採用6品目<br>2-1-2 発注者・設計者への働きかけ<br>2-1-3 実績報告書による調達状況の確認<br>3-1-1 $CO_2$排水量チェックシートによる削減活動の検討、削減計画値の設定<br>3-1-2 $CO_2$削減活動の実施<br>3-1-3 廃棄搬出車両の削減<br>3-1-4 チェックシートによる削減活動実績の確認、削減実績値の集計 |

表1　施工運営方針書

上の問題点などの改善策や解決策について、指導や助言を行う。

## 1.4 総合施工計画書の作成

　立案した施工計画について、上位者および関係者からの指導、助言を勘案して、総合施工計画書を作成する。

●総合施工計画書の内容

　総合施工計画書には、

①工事組織表

②工事概要

③品質保証活動状況表

④近隣状況図

⑤主要設計図

⑥重点施工管理展開表

⑦マスター工程表

■ポイント
工事組織表には、管理ラインや責任と権限が明確に分かるようにする。

---

1. 総則
　(1) 適用範囲　…………「総合施工計画書」の適用範囲を明確にする。
　(2) 適用図書　…………「設計図書」や「施工管理の基準として適用する図書」などを記載する。
2. 一般事項
　(1) 工事概要　…………工事名、工事場所、工期、発注者、設計・監理者、請負形態、設備工事、建物概要（構造種別、階数、建物用途、建築面積、延べ面積、軒高、最高高さ、根切深さ、地下水位、杭工法、外装仕様、屋根仕様、外構仕様）、設備概要（電気設備、衛生設備、空調設備、昇降設備、別途の有無）などを記載する。
　(2) 主要設計図　…………建物の概要を示す配置図、基準階平面図、立面図など意匠の主要図、構造の主要図、地盤柱状図等を添付する。
　(3) 工事組織表　…………作業所長、工事担当者などの経歴や資格と作業所内の指揮命令系統、社内支援スタッフとの組織上の関係、技術委員会など設置する会議体などについて記載する。
3. 重点管理方針　…………社内で承認された品質（Q）・コスト（C）・工期（D）・安全（S）・モラール（M）・環境（E）に対する重点管理項目と活動計画を記載した重点施工管理展開表を添付する。
4. 工程管理計画　…………工期全体の主要工事の工程とマイルストーンや受電日等を記載したマスター工程表を添付する。
5. 施工計画
　(1) 近隣状況図　…………敷地周辺構造物、工事車両搬出入ルート、地中埋設物等について記載する。
　(2) 総合仮設計画図　……全体的な仮設建物や仮設設備を示す「総合仮設計画図」を添付する。地下工事期間中と地上工事期間中で状況が変化するときは、それぞれの計画図を添付する。
　(3) 主要工事計画図　……主要工事の施工方法や施工手順を示した工種別施工計画図を添付する。
6. 品質管理計画
　(1) 品質保証活動状況　……各種検討会、社内検査、工事指導等の予定日を記載する。
　(2) 作業所検査一覧　………「設計図書」に指定された検査など、工事中に実施する検査や試験の項目、担当者、手順、判定基準などを記載する。
　(3) 作業所作成文書一覧　…「製作要領書」、「施工要領書」など工事中に作成する文書名を記載する。
　(4) 作業所作成記録一覧　…工事期間中作業所に保管する記録、工事中や竣工後に提出する記録などリストを記載する。
7. 安全管理計画　……………安全衛生管理基本計画表を添付する。
8. 環境管理計画　……………環境管理基本計画表を添付する。
9. 施工上の問題点と対策　……課題となる「施工上の問題点」の項目とその解決策を記載する。

表2　総合施工計画書の内容

⑧総合仮設計画図

⑨主要工事計画図

などを記載する［表2］。

●主要工事の施工計画

　施工方針（品質、コスト、工期、安全、モラール、環境の目標と重点管理項目）に大きく関わる工事や特殊または特徴的な工事を主要工事として選定し、それぞれの施工計画を記載する［表3］。

| 主要工事 | 計画の内容 |
|---|---|
| 総合仮設 | 仮設建物、仮設設備などの配置を記載する。 |
| 外部足場 | 外部足場の平面、断面、詳細などを記載する。 |
| 揚重設備 | 揚重運搬機器の機種、配置、用途、設置方法の詳細などを記載する。 |
| 工事用電気設備・工事用給排水設備 | 引込み位置、受変電設備、電力幹線の敷設位置、給排水管の配置などを記載する。 |
| 基礎杭 | 基礎杭の種類、配置、施工方法、施工順序、施工機械、付属機器、材料置場、加工場などを記載する。 |
| 根切り・山留め | 各次根切りの範囲・深度・使用機械・残土搬出方法など、山留め壁の工法・配置・根入れ長さなど、山留め支保工の工法・部材と種類配置（平断面）など、および排水計画を記載する。 |
| 車両乗入れ構台 | 部材配置（平断面）、部材の種類、接合方法、スロープ詳細などを記載する。 |
| 鉄骨建方 | 鉄骨の搬入方法と建方順序や建入れ調整方法、建方用重機の種類と配置、足場計画などを記載する。 |
| 型枠支保工 | 型枠支保工の配置（平断面）、部材の種類と転用計画などを記載する。 |
| コンクリート打設 | コンクリートの打設方法と打設順序、コンクリート打設用機器や設備の配置、車両の配置やアジテータ車の動線などを記載する。 |
| 外装工事 | 外装取付け方法、施工手順、使用機器などを記載する。高層建物の場合は、特に安全設備を詳細に記載する。 |
| 内装工事 | 天井材や内装材の揚重方法、施工方法、内部足場などを記載する。 |
| 設備工事 | 設備機器の搬入、据付け方法、建築工事への制約条件などを記載する。 |

表3　主要工事の施工計画内容

# 2 工程計画

工程上の主要管理項目を設定し、進捗度の管理のポイントを示すなど、工事進捗の確認方法と出来高の管理方法を明確にする。

## 2.1 工程計画の立て方

### ●基本的手法

基本的な工程計画の立て方は、二つの段階に分かれる。各作業の先行、後続の関係を確認し、工事を進める手順を検討するのが第一の段階である。次に各作業の仕様や数量、施工効率を勘案して所要日数を求め、手順に沿って工事全体の所要日数を算定するなど、日程を検討するのが第二の段階である。

手順の検討から日程の検討を経て、工期目標を設定するのが工程計画の本来の姿であるが、営業段階に工期が指定されていることが多い。現実的には、日程の検討で得られた日数と設定された工期日数を対比して、昼夜作業や作業時間を延長するなど工費を上げて、いわゆる突貫工事等で対応する。しかし、突貫状況は決して好ましいものではない。そこで工業化工法の採用や仮設設備の見直し、施工手順の見直し等により、生産性を向上させ、施主要望工期を工期目標として工程調整を図っている［図2］。

### ●逆行的手法

工事を進める手順を決め、日程を検討し、営業段階に指定された工期とのギャップを調整して、工期目標を設定することが多い。しかし、求めた工期と指定された工期との間に大きな開きが

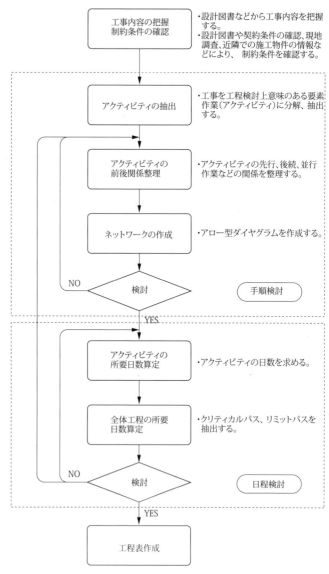

図2　工程計画の基本的手法

あることは珍しくない。そこで、大きな工期ギャップの調整に採用されるのが、逆行的ともいうべき工程計画の手法である。

逆行的手法による工程計画は、
① 工程上の節目を境にして、工程を分割する
② 分割した工程区分の日数を算出し、標準的な全体工程を設定する
③ 分割した工程区分の日数を割り振って指定工期内に納める
④ 各工程区分を細分割し、工程ラップ要素や工業化等による工程短縮の可能性を検証する
⑤ 工程区分ごとに調整した工程を、指定工期内に納まるように全体的に調整して工期目標を設定する
の手順で進める。

工程区分の分割や各工程区分の概略所要工期を求める手法は、過去の工事データの統計、分析により、多くのゼネコンで確立されている［図3］。

■ポイント
国土交通省では建設業における働き方改革として、週休2日の確保、時間外労働の規制が検討されている。よって突貫工事による工程計画は避けるべきである。

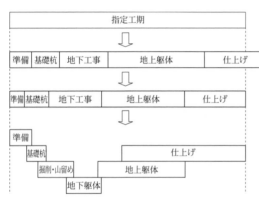

図3　工程計画の逆行的手法

■工期が指定されている工事が多い。

■工事内容、制約条件などを勘案し、過去の工事実績を統計分析したデータに基づいて、標準的な工程を設定する。

■設定した「標準的な工程」に対して、指定工期内に納めるように日程を割り振って調整する。

■各工事の工程短縮とともに、工程ラップの可能性など全体工程の圧縮方法を検討する。また、工程ラップ等の手順の見直しでも指定工期に納まらない場合は、工業化工法の採用、仮設設備の見直しなどにより生産性を向上させ、工期内に納める。また、施工に当たっては工事の進捗に応じて細部を検討し、指定工期内に工事が完成するよう管理する。

## 2.2 工程計画のチェックポイント

### ●クリティカルパス

各作業の先行、後続、並行などの関係から工事を進める手順を定め、各作業の所要日数を累計して工事全体の所要日数を求める。このとき、もっとも日数を要する、あるいは日程の余裕のない（フロート（余裕時間）がすべてゼロ）作業手順の流れをクリティカルパスという。ただ、クリティカルパスは1本とは限らないので、計算のうえ、よく確認する必要がある。さらに、クリティカルパス以外の経路でも、フロート（余裕時間）の少ない作業は遅延により、クリティカルパスになるので注意して管理する必要がある。

総合施工計画　15

そのため、全体工期を短縮するには、クリティカルパスやフロートの少ない潜在的なクリティカルパスに着目し、まず、この経路の圧縮を考えることが重要である［図4］。

● **工程ラップと工区割り**

先行作業がある程度進んだ段階で、工事が錯綜する心配がない部分から後続作業を開始する。つまり、各工事の施工効率が低下しない適切な工程ラップとして、先行作業が後続作業と並行する期間を拡大することによって、工期を短縮することが可能になる。

先行作業の末尾と後続作業当初の工程を並行させることにより、後続作業

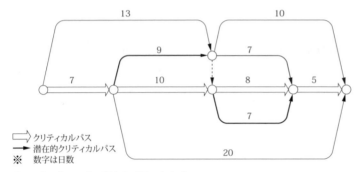

図4　ネットワーク工程とクリティカルパス

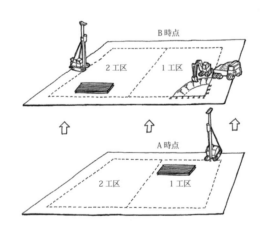

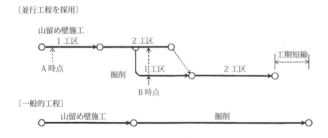

図5　工程ラップと工区割り

の開始時期が早まり、工期短縮の可能性が生まれる。工区割りを行い、工区ごとの施工計画と工程計画を立てることによって、後続工程の開始時期が明確になる。ただし、重機やプラント類の配置、資機材置場や搬出入ルート等を綿密に計画し、工事の錯綜による混乱を回避しておかなければ、施工効率が低下し、工期短縮がむずかしくなる［図5］。

● 山崩しと山均し

工事に投入する施工機械、資機材、作業員などの供給量には限界がある。同じ施工機械や資機材、同じ職種の作業員を必要とする作業が並行するような状態が重なると、供給量の不足による工程の遅滞を招くおそれが生じる。そこで、これらの供給量に大きな波がないような工程を組むことが望ましい。

供給量のピークが一定量を超えないように工程を調整することを山崩しという。さらに谷の部分を埋めて、供給量を可能な限り均等になるように工程調整することを山均しという［図6］。

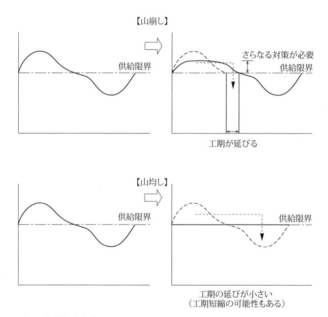

図6　山崩しと山均し

ピークが生じる期間の供給量を一定限度内に納める山崩しには、工期の延長が必要で、工期に余裕がある場合は問題はないが、山崩しを必要とする要因が多ければ、工期は延びるばかりである。

供給量の均等化を図る山均しは、工期の延長を抑えるばかりでなく、工期短縮の可能性も期待できる。しかし、各作業の工程が微妙に絡みあう建築工事では、単一の作業だけならまだしも、同時に多くの作業の山均しを図ることは現実的にはむずかしい。山均しを図るには、作業員、施工機械、資機材などの供給がクリティカルな作業に着目することが大切である。しかし、さ

らなる対策として、工区割り、施工手順の合理化、工業化工法の採用、仮設設備の増設、作業の標準化などによる工程の流れの規格化や均等化を図る。さらに、山均しを意図したシステマティックな工法を採用するなどの工夫が必要である。

●**揚重、運搬計画**

定められた材料を、適切な手順で、所定の位置に納めることが建築工事の施工という過程である。工程計画に適合した資機材の揚重、運搬計画が立案されることにより、工事の円滑な進捗を図ることが可能になる。外部足場の地組みや鉄骨の連吊りなど資機材の揚重、運搬量の山積み、山均しを行うなど、揚重、運搬計画を工程計画に反映させることも大切である。

●**マイルストーン（管理日）**

工程の節目となる日をマイルストーン（管理日）という。

掘削開始日、掘削完了日、地下工事完了日、鉄骨建方開始日、最上階コンクリート打設日、上棟式の日、防水完了日、受電日、外部足場解体日、テナント別途工事開始日などがそれにあたる。いずれもクリティカルパス上にあることが多く、工程の節目として設定し、工程計画、工程管理のポイントとして利用する［図7］。

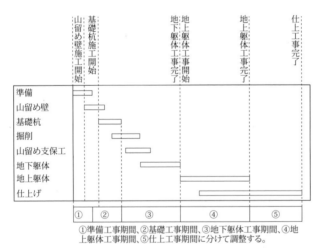

①準備工事期間、②基礎工事期間、③地下躯体工事期間、④地上躯体工事期間、⑤仕上工事期間に分けて調整する。

図7　マイルストーン（管理日）

## 2.3 工程表と工程管理

●**表現方法による分類**

［バーチャート工程表］

縦軸に施工順序に従った主要工事を、横軸に暦日や時間をとり、各作業の開始から終了までを直線で示した工程表で、棒線工程表あるいはガント

チャートとも呼ばれる。しかし、表現は平易だが、作業の先行、後続の関係が表現しにくいため、前後関係が明確にできず、クリティカルパスの把握がむずかしい。また、工程上のキーポイント、重点管理しなければならない作業が判断しにくい。そのため、ネットワーク工程表作成の前資料として作成されるか、使用重機などの仮設設備などを縦軸にとり、使用期間を管理する図表として、ネットワーク工程表上に並記することが多い［図8］。

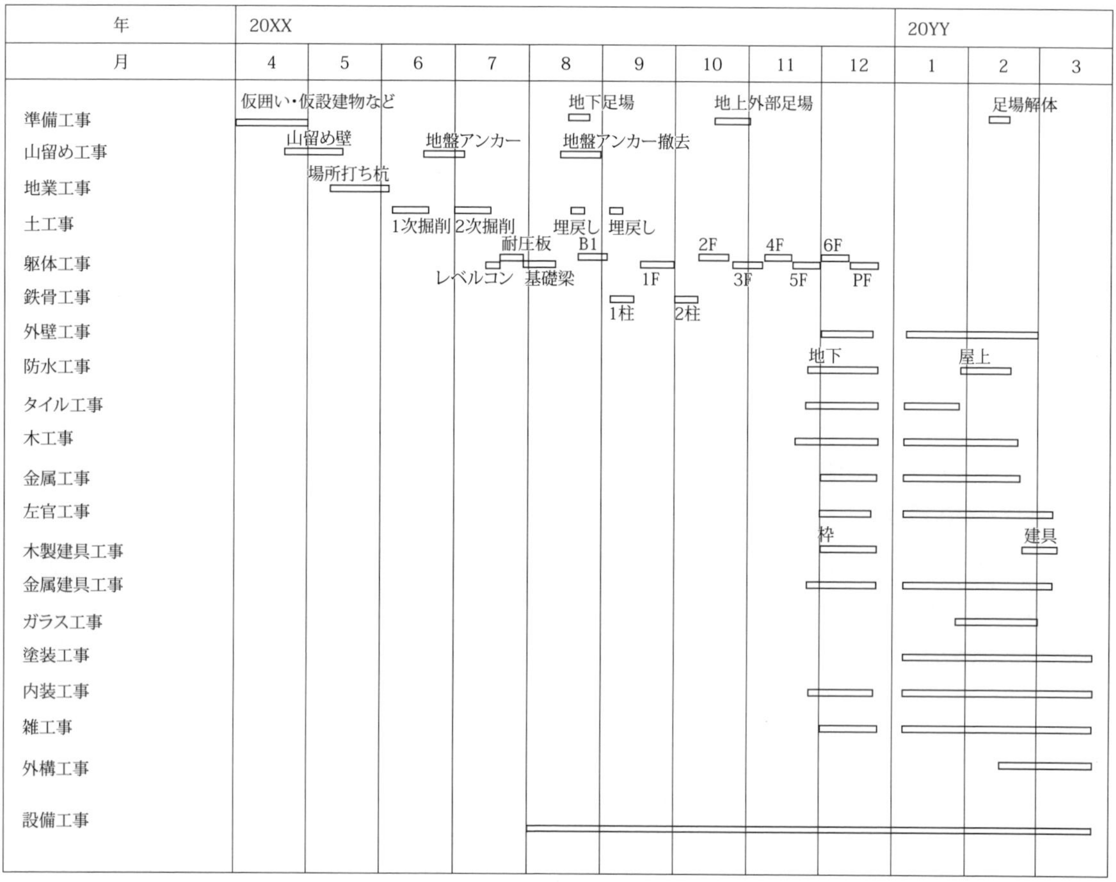

図8　バーチャート工程表

## [曲線式工程表]

　曲線式工程表には累積グラフ式進度曲線、出来高累計曲線、バナナ曲線などがある。累積グラフ式進度曲線は、作業の進捗度を縦軸に、暦日や時間を横軸にとり、時間の経過による作業の進捗予定を曲線で示した工程表である。作業の歩掛りなどから所要日数を算定するなど、作成に手数を要するが、予定と実績を明確に対比することができるので、工事の進捗管理には有効な手法である［図9］。

　また、出来高累計曲線（出来高S曲線）は、作業手順や日程などを直接伝えるものでなく、工事出来高の工期に対する状態を示すもので、工期全体に

総合施工計画　19

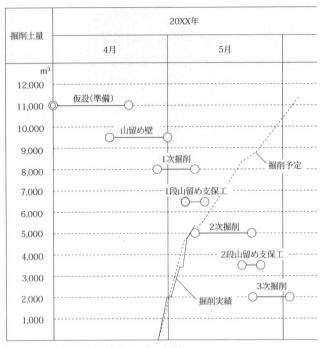

図9 曲線式工程表（累積グラフ式の事例）

おける工程、出来高の進捗をチェックする図表である。

［ネットワーク工程表］

ネットワーク工程表は作業の相互関係を丸印と矢印で表現したものであり、アロー型とサークル型の二つのタイプがある。アロー型ネットワーク工程表は、作業を矢印（アロー）で、作業の始点、終点、接続点などを○印（イベント）で示し、作業の開始と完了時点に重点をおいた工程表である。一方、サークル型ネットワーク工程表は、作業を枠で囲んで矢線で結び作業手順のフローに重点をおいた工程表である。建築工事では、作業の表現位置を建物の階数にともなって縦軸に示し、時間を横軸にとり、矢印の長さでタイムスケールを示すアロー型ネットワーク工程表が一般的に使われている。利点としては、各作業の前後関係や工程の余裕時間が定量的に理解しやすく、工程計画の検討に適し、工程の変化にも対応しやすい［図10］。

●管理区分による分類

［総合工程表］

着工から竣工までの工事全体を、主要工事を主体に表現した工程表である。

［工事別工程表］

主要な単一の工事別や、ある作業ブロックごとについての工程表である［図11］。例えば、鉄骨工事やカーテンウォール工事などについて、材料の発注、製作期間、製品検査、作業所納入、取付けなど詳細な工程を記入する。

サークル型ネットワーク工程表の例(壁式構造：コンクリート打設工程)

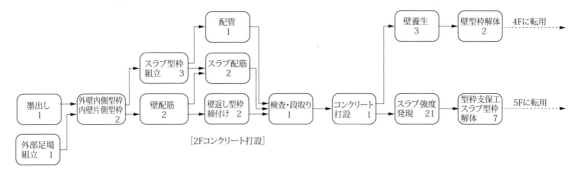

アロー型ネットワーク工程表の例(壁式構造：コンクリート打設工程)

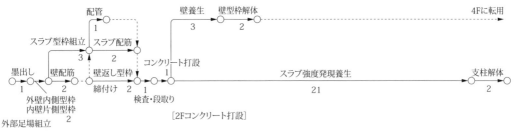

図10　ネットワーク工程表

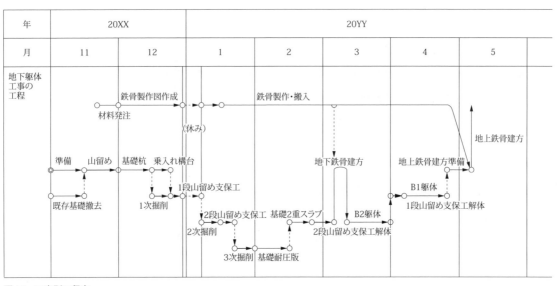

図11　工事別工程表

[部位別工程表]

便所や給湯室などの水回りや階段室など、工種が多い部屋や複雑な部位を対象にした工程表で、仕上工事についての工程表が多い。また躯体工事については、基準階のサイクル工程などを作成する［図12］。

[短期工程表]

月間や週間など、短期間を対象にした工程表で、作業員の手配や資機材の

総合施工計画　21

【基準階躯体工事】

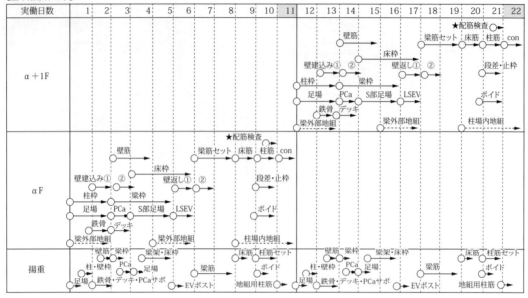

図12　部位別工程表（基準階サイクル工程）

調達などの調整、工程の遅れを取り戻すための調整などに使われる［24ページ図13］。

●管理手法

［累積グラフ式進度曲線による管理］

　工事の進捗などの実績曲線と予定曲線を対比して、工程を管理する方法である。進捗を定量的に捉えることができるので、工程の遅れを早期に察知することができる。しかし、きめ細かな情報は得られにくいため、早急な遅延対策に当たっては、歩掛りの改善や工事相互間の問題点の把握が重要になる。

［短期工程表による管理］

　関係者が定例会議を開き、短期工程表に基づいて、翌日あるいは翌週の作業についての調整を行う。工事の進捗状況と工程表との対比により、工程の遅れを把握しやすい。遅れを取り戻すには労務の増員、揚重機の増設配置、施工手順の見直しなどの対策を要する。

［ネットワーク工程表による管理］

　ネットワーク工程表から、クリティカルパス（CP）、各作業の最早開始時刻（EST）、最遅開始時刻（LST）、余裕時間（フロート）などを求め、工程を管理する手法である。工程に遅延が生じた場合には、クリティカルパスへの影響、工程間の順序の見直し、余裕時間の活用などにより工程の回復に努める。

　実施工程表では、仮設設備などをバーチャート工程表で並記し、出来高累計曲線も記入したネットワーク工程表の作成が多い［26ページ図14］。

[プロモーション工程による製作的管理]

　鉄骨・PCa板・建具・製作金物など、多数の工場製作されるものの発注から現場納入までの調達資材を管理する工程表を作成する。実施工程表と関連させ、協力会社決定・製作図作成と承諾期間・製作期間・検査機関・現場納入時期を示し、製作物納期の遅延を防止する［28ページ図15］。

# （仮称）：○○○○○○○ 計画
## 10　月　月間工程表

| 種　目 | 20XX年10月 | | | | | | | | | | | | | | | | |
|---|---|---|---|---|---|---|---|---|---|---|---|---|---|---|---|---|---|
| | 12 木 | 13 金 | 14 土 | 15 日 | 16 月 | 17 火 | 18 水 | 19 木 | 20 金 | 21 土 | 22 日 | 23 月 | 24 火 | 25 水 | 26 木 | 27 金 | 28 土 |

**RF**
鉄骨部RF 足場材先行搬入
9節鉄骨建て方（18C～PHRG）
歪み直し デッキ 鉄骨外
本締め コンしめ
柱溶接
③搬入 ①②③④搬入
基礎・A
③搬入

**18F** ▽18SL
外部足場せり上げ
バルコニーPCa
床型枠 梁型枠
①搬入 押壁建込・スリット
柱型枠 壁筋
監理者17F立上 桟桟
配筋検査18F床con
押壁筋
柱差筋 ①②③④搬入 墨出し
①②搬入

**17F** ▽17SL
ト内足場組立 ③搬入
バルコニーPCa
床型枠
梁型枠 地組梁筋セット 床配筋 ボイド設置
外部にて梁筋地組 ②搬入 スラブ段差枠
梁スリーブセット 床スリーブセット 側枠脱型

**16F** ▽16SL
17F床 備シャフト鉄骨取付
超高圧洗浄（16F→13F）南面 超高圧洗浄（16F→13F）北面 西面
①搬入 ②搬入 ①②③④駐車 LSせり上げ
アルミ手摺（14F→16F）
躯体補正
ECP AW 下地鉄骨
LSゲート取付 LSせり上げ 16F支保工解体 墨出し
①②LS使用不可 AW塗膜防水 ①②搬入

**15F** ▽15SL
16F床 備シャフト鉄骨取付・AW 下地鉄骨
躯体補正 ①搬入 AW モルタル詰 ガラス シーマ付・額縁・C.BOX
LS着床 墨出し 専有ALC ECP 共用ALC ①②搬入 耐火遮音壁LGS 耐火遮
①搬入 共用 タイル下地（14，13F南面） ル下地（14，13F北面）

**14F** ▽14SL
コマ付・額縁・C.BOX ①搬入 共用部LGS 共用SD 共用部耐火壁ボード ①搬入 UB
①搬入 耐火遮音壁LGS 玄関SD 設備竪管・転がし・先行ダクト
耐火遮音壁ボード AW塗膜防水 断熱吹付
③④搬入 ①②③④駐車 ②③④駐車 ③④搬

**13F** ▽13SL
共用部耐火壁ボード UB MBSD取付 AW塗膜防水
①搬入 天井設備配管
断熱吹付 壁LGS 木下地・木枠
①②③④駐車 ②③④駐車 ③④搬入 ①搬入 ②搬入 タイル張り（12F
タイル張り（12F→9F北面）

**12F** ▽12SL
天井設備配管 天井LGS
木下地・木枠 スラブ スラブ 壁ボード シス
①搬入 ②搬入 ③④搬入 ③搬入

**11F** ▽11SL
共用部天井LGS 共用部二重床
天井LGS 框・市木タイル
システム収納 二重床
③搬入 ③④搬入 ③④搬入

図 13　短期工程表例

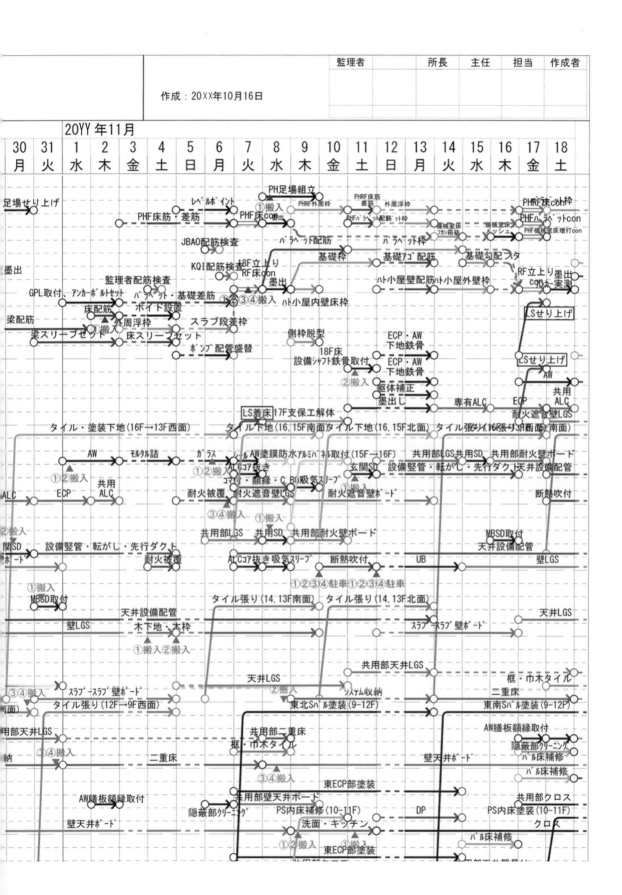

総合施工計画 25

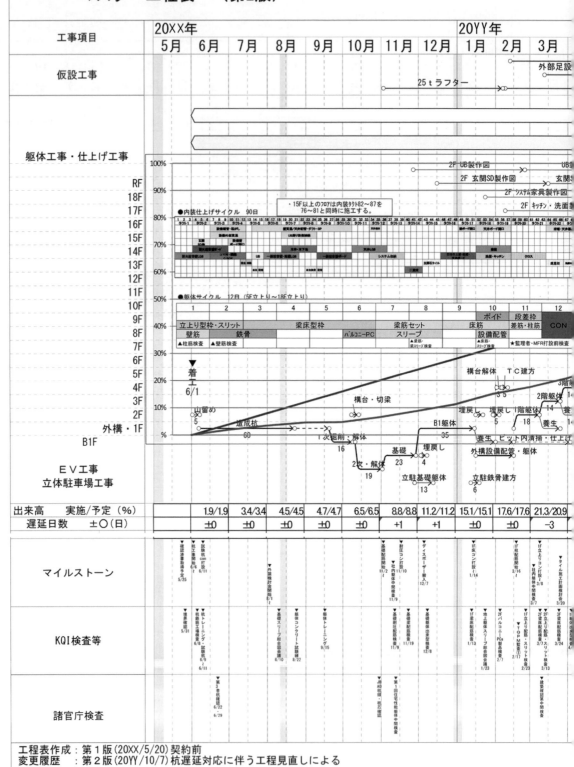

図14 実施工程表例

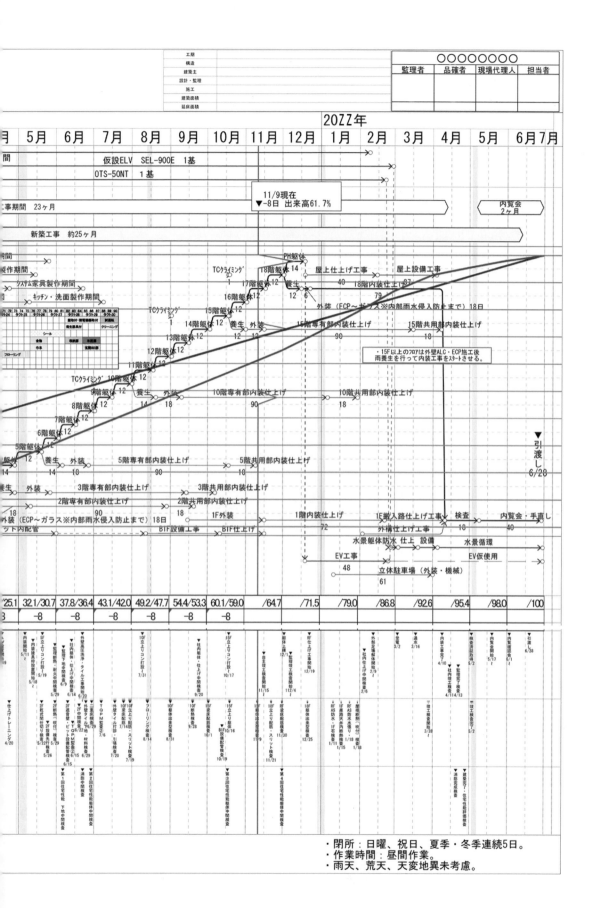

■ ○○○ビル新築工事 プロモーション工程

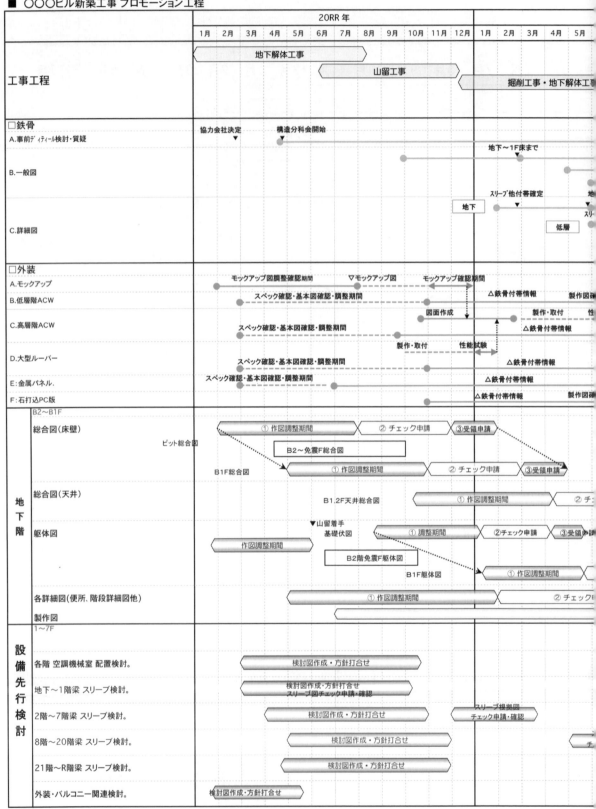

図15 プロモーション・テーブル

20AA年BB月CC日

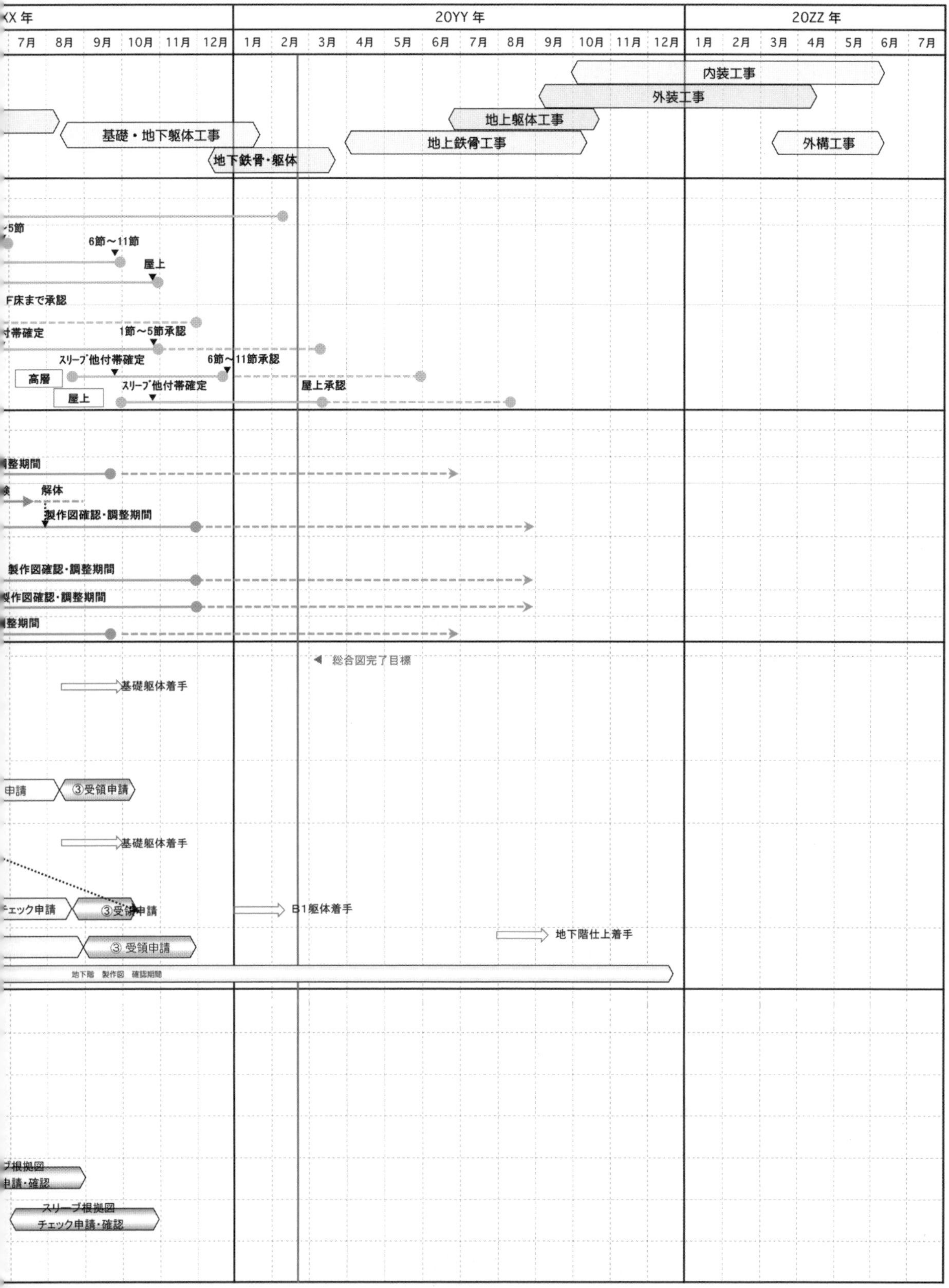

| XX 年 | | | | | | 20YY 年 | | | | | | | | | | | | 20ZZ 年 | | | | | | |
|---|---|---|---|---|---|---|---|---|---|---|---|---|---|---|---|---|---|---|---|---|---|---|---|---|
| 7月 | 8月 | 9月 | 10月 | 11月 | 12月 | 1月 | 2月 | 3月 | 4月 | 5月 | 6月 | 7月 | 8月 | 9月 | 10月 | 11月 | 12月 | 1月 | 2月 | 3月 | 4月 | 5月 | 6月 | 7月 |

内装工事

外装工事

地上躯体工事

基礎・地下躯体工事

地下鉄骨・躯体

地上鉄骨工事

外構工事

~5節

6節～11節

屋上

F床まで承認

付帯確定

1節～5節承認

スリーブ他付帯確定

6節～11節承認

高層

屋上

スリーブ他付帯確定

屋上承認

調整期間

検　解体

製作図確認・調整期間

製作図確認・調整期間

製作図確認・調整期間

調整期間

◀ 総合図完了目標

基礎躯体着手

申請　③受領申請

基礎躯体着手

チェック申請　③受領申請

B1躯体着手

③ 受領申請

地下階仕上着手

地下階　製作図　確認期間

ブ根拠図
申請・確認

スリーブ根拠図
チェック申請・確認

総合施工計画　29

# 3 品質管理計画

　品質管理全般に関する方針と共通ルールを示し、具体的な内容は工種別計画で示す。

## 3.1 品質管理目標の設定

### ●要求品質の展開

　建築物の性能は、芸術性、機能性、耐久性、保全性、経済性、安全性などとして捉えることができるが、発注者の求める建築物の性能が「要求品質」である。

　要求品質は"外装が美しい"とか"ランニングコストが少ない"など抽象的に表現されることが多い。しかし、設計段階では、精度や強度のように、いくつかの計量可能な品質を特定する性質（品質特性）と特性の合格点とする値（特性値）に置き換え、設計図書に表現する。

　設計図書に示された品質が「設計品質」であるが、特に重要な設計品質について、品質特性と特性値、管理上の留意点などを示したものが「設計品質展開表」である。

　設計品質は、"打放しコンクリートの精度と美観"などの設計品質設定事項に対して、最終的な特性値（合否判定基準）で示される。対して、施工の品質管理では、"型枠の組立精度"などのように、過程の節目ごとに明確な判定が可能な品質特性に置き換えて管理しなければならない。

　品質をいくつかの品質特性に置き換えることを品質の展開というが、設計品質の展開では、施工能力のばらつきなどを考慮して、もっとも適正と思われる特性値を設定することにより、最終的な狙いを外さないようにすることが大切である。

### ●設計品質の確認

　品質管理の目標を設定するためには、設計品質を確認しなければならない。設計図書を精読して、設計意図や設計品質を確認するが、不明な点や矛盾する点があれば、設計者に説明を求め、明確に、正しく理解することが必要である。

　設計施工一貫受注の工事については、設計担当者から工事担当者へ設計意図や設計品質について説明する設計説明会の開催や「設計品質展開表」の提示が、多くのゼネコンで定着している。設計施工分離受注の工事では、設計

説明会の開催を設計者あるいは工事監理者に申し入れて、設計意図や設計品質などについて説明を求めることが重要である。

設計説明会に続いて、設計図書検討会が開催される流れも、多くのゼネコンで定着している。この検討会では、設計品質の確認ばかりでなく、施工が困難なため品質を確保しにくくはないか、竣工後に不具合が発生しやすい構造や納まりになっていないかなどの問題点を抽出し、施工上の問題点としてまとめ、改善案の検討も行われている。

■ポイント
設計図書検討会では、VE提案も積極的に行う。

●設計品質の整理

確認した設計品質は、明確な判定が可能な特性値（合否判定基準）に置き換えないと、施工品質の管理目標を具体的に捉えることはむずかしい。特性値については、なんらかの形で設計図書に表現されていなければならないが、すでに一般化されているものについては省略されていることが多い。適用図書にて確認するとともに、設計図書を補うものとして、JIS（日本工業規格）やJASS（日本建築学会標準仕様書）などがある。しかし、不明なものについては、これら公的な技術標準や社内の技術標準に基づいて特性値を明確にし、設計者と協議して承認を得ておく［表4］。

●合否判定基準の設定

施工品質の管理には、判定のための水準（品質水準）を設定しなければならない。品質水準には、

| 品質項目 | 品質特性 | 設計品質（特性値、仕様） | 発生しやすい欠陥 | 施工品質管理項目 |
|---|---|---|---|---|
| ・屋上防水 | ・目標年限までは、漏水を生じない。<br>（目標年限：10年） | (1) 屋上床躯体……防水層を設けるために適切な勾配と平坦さを確保し、ひび割れなどの有害な欠陥がない。<br> 勾配 ：1/100～1/50<br> 平坦さ ：水が溜まらない<br> ひび割れ ：0.3mm（0.2mm以上は補修）<br>(2) パラペット回りの躯体……躯体や防水層の納まりに欠陥がない。<br> 立上がり高さ：400mm以上<br> 壁厚 ：150mm以上<br> 配筋 ：ダブル配筋<br> 伸縮目地 ：1,500mm以下<br>(3) 防水層……適切な材料や構法を採用する。<br> 材料 ：仕様書による<br> 構法 ：仕様書による<br>(4) 断熱層……十分な厚さと性能を確保する。<br> 厚さ ：30mm以上<br> 性能 ：熱貫流抵抗値 1.0m²h℃/kcal以上<br>(5) 押え層……適切な厚さと強度を確保し、目地も適正に配置する。<br> 厚さ ：70mm以上<br> 材料 ：普通コンクリート<br> 強度 ：18N/mm²以上<br> スランプ ：18cm以下<br> 補強 ：溶接金網φ3.2、100mm角程度<br> 目地 ：間隔3m程度、幅20mm程度 | ・水溜まりの発生による防水層の劣化<br>・ひび割れの発生<br>・出隅部、入隅部の防水層の破損<br>・防水層の膨れの発生<br>・コンクリートの打継ぎ部や天端からの漏水<br>・防水層の納まりの不良<br><br>・防水層の立上がり端部の不良<br>・吸水による断熱層の性能低下<br>・亀裂、膨れ、剥離の発生<br>・目地効果の不良による防水層の破損<br><br>【「設計品質展開表」は設計意図（品質目標と、それを達成するために、どのように設計したか）を施工管理者に伝えるためのツールである。<br>「設計品質」を客観的に捉えることが可能なように、「品質特性」をできるだけ定量的に記載し、特性値も明記する】 | ・下地の勾配<br>・水溜まりの有無<br>・膨れの有無<br>・ひび割れの幅<br>・漏水の有無<br><br><br>・防水層の立上がりの納まり<br>・伸縮目地の絶縁効果 |

表4　設計品質展開表

総合施工計画　31

①品質標準：保有技術が十分に発揮されれば達成しうる品質水準

②検査標準：設計品質確保のために、施工中の検査で合否判定に用いられる
　品質水準

などが用いられる。

## 3.2 品質管理方針の設定

●**主要工事の施工方針の設定**

　主要工事について、施工条件や問題点を把握し、施工方法を検討し、管理項目または検査項目を設定する。

●**重点管理項目、重点検査項目の設定**

　重点管理項目、重点検査項目を抽出し、各項目の、

①品質標準または検査標準

②点検または検査の実施日

③管理責任者

④管理担当者

⑤管理資料

⑥異常発生時の処置方法

などを設定する。

## 3.3 品質管理計画

　品質管理を的確に実施するために「品質管理予定表」「施工品質管理表」「検査計画表」などを作成する。

●**品質管理予定表**

　施工図、加工図などの承認の時期、使用材料の承認の時期、調査、検査、試験の実施時期など、品質管理に関連するスケジュールを示した工程表が「品質管理予定表」である［図 16］。

●**施工品質管理表**

　工事別管理項目の判定の実施について、5W1H の形式でまとめた表が「施工品質管理表」である［図 17］。各管理項目について、

①管理担当者

②点検の時期

③検査や測定の方法

④判定の基準

⑤異常がある場合の処置方法

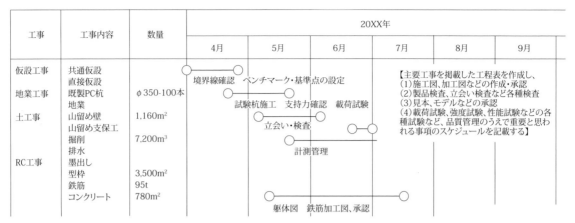

図16　品質管理予定表

**施工品質管理表**　〔作業所管理基準一覧〕

| 工事名 | | 作業所長 | | 年　月　日 |
|---|---|---|---|---|

【シート防水 Ver. X】

(注) 特記なき基準値は当社「建築工事施工管理基準」による。"重要項目"欄の○印は作業所が重点的に確認・検査を実施する項目を示す。

| 管理フロー | 管理対象 | | 管理方法(※印は竣工後支店保管) | | | | 管理分担(特記なきは全数) | | | | | 重要項目 | 予想される不具合・事故 | 異常時の処置 | 備考(引用基準・参考資料等) |
|---|---|---|---|---|---|---|---|---|---|---|---|---|---|---|---|
| | 項目 | 細目 | 管理基準 | 管理手段 | 確認時期 | 管理資料・記録 | 監理者 | 作業所長 | 担当者 | 協力会社 | 検査代行 | | | | |
| 事前検討 | 設計図書の検討 | 施工部位と防水工法 | 施工部位と以下の露出防水工法であることが明確になっていること<br>①接着工法<br>②機械的固定工法<br>③接着断熱工法<br>④機械的固定断熱工法 | 設計図書で確認 | 着工時 | ※打合せ記録<br>※指示書 | (指示) | 確認 | 検討 | — | — | | 漏水 | 監理者と協議 | 標仕9章<br>標仕表9.4.1、表9.4.2<br>ALC下地には機械的固定工法は適用しない |
| 事前検討 | 設計図書の検討 | 下地勾配 | 1/50〜1/20 | 設計図書で確認 | 着工時 | ※打合せ記録<br>※指示書 | (指示) | 確認 | 検討 | — | — | | 排水不良 | 設計変更願い | JASS8 1.3 |
| 事前検討 | 設計図書の検討 | 納まり | 施工が困難な箇所がないこと | 設計図書で確認 | 着工時 | ※打合せ記録<br>※指示書 | (指示) | 確認 | 検討 | — | — | | 漏水 | 設計変更願い | |
| 事前検討 | 設計図書の検討 | 立上り | 水上で300mm以上確保できること | 設計図書で確認 | 着工時 | ※打合せ記録<br>※指示書 | (指示) | 確認 | 検討 | — | — | | 漏水 | 設計変更願い | |
| 事前検討 | 設計図書の検討 | 化学物質(トルエン含有量) | 接着剤：<br>トルエン非配合材料であること<br>(室内に使用する場合) | 設計図書で確認 | 着工時 | ※打合せ記録<br>※指示書<br>製品カタログ | (指示) | 確認 | 検討 | — | — | | 健康障害 | 監理者と協議 | 学校環境衛生の基準<br>住宅品確法 |
| 事前検討 | 設計図書の検討 | 脱気装置 | 明確になっていること | 設計図書で確認 | 着工時 | ※打合せ記録<br>※指示書 | (指示) | 確認 | 検討 | — | — | | ふくれ | 監理者と協議 | 指針9.2.4<br>指針表9.2.15<br>平場型は25〜100m²に1個程度設置 |
| 協力会社選定 | 施工会社の選定 | 自主管理能力 | 同種・同規模の施工実績と十分な品質管理能力があること | 調査 | 着工時 | 調査記録 | — | 確認 | 検討 | 作成 | — | | 品質不良<br>工期遅れ | 再選定 | |
| 協力会社選定 | 施工会社の選定 | 動員人数 | 必要能力を持った人員を必要人数確保できること | 調査 | 着工時 | 調査記録 | — | 確認 | 検討 | 作成 | — | | 品質不良<br>工期遅れ | 再選定 | |

図17　施工品質管理表例

⑥重要度

などを明記する。

## ●検査計画表

工事別の検査項目についてのチェックシートが「検査計画表」である［図18］。各検査項目について、

①工種

②検査の種類

③検査項目

④規格値（判定基準）

⑤検査方法

⑥不良発生時の処置方法

などを明記する。

| 工種 | 検査の種類 | 検査項目 | 規格値（判定基準） | 検査方法 | | | | | | 不良発生時の処置方法 | 備考 |
|---|---|---|---|---|---|---|---|---|---|---|---|
| | | | | 時期 | 担当 | 頻度 | 判定基準 | 判定方法 | 記録方法 | | |
| 鉄骨工事 | 製品検査 | 寸法精度 | 「JASS 6 鉄骨工事」および「鉄骨精度測定指針」による | 製品の加工完了後 | | | | | | 【「検査計画表」には定められた書式はなく、これは1例（鉄骨工事）である。 いつ　：検査の時期 だれが：検査の担当者 なにを：検査の項目 どう　：どのような方法で検査を行い（頻度、検査方法） 　　　　その結果をどのように判定し（判定基準、判定方法） 　　　　その結果を受けてどうするか（不良発生時の処置方法、記録方法） を明確に記載する】 | |
| | | 溶接部外観 | 「JASS 6 鉄骨工事」および「鉄骨精度測定指針」による | 製品の加工完了後 | | | | | | | |
| | | 溶接部内部（溶込み溶接部の内部欠陥の有無） | 「JASS 6 鉄骨工事」および「鋼構造建築溶接部の超音波深傷検査基準・同解説」による | 製品の加工完了後 | | | | | | | |

図 18　検査計画表

# 4 安全衛生管理計画

安全衛生管理の基本方針および重点項目を示す。

## 4.1 安全衛生管理計画

### ●災害防止の重点対策の検討

安全衛生管理の重点目標は無事故、無災害である。工事を無事故、無災害で終えるためには、施工方針の策定の段階で、工事の規模、施工の難易度、現場の立地条件、工程の緩急度などを勘案して、生じやすい事故や予測される災害を防止するための対策を検討する。

安全衛生管理の基本計画の段階では、作業環境の刻々の変化、多種作業の錯綜、新規入場者や未熟練労働者の就労など、建設現場に潜在する災害要因に起因する災害、主体作業にともなう危険から予測される災害などを抽出し、全体工程を通じて、各時期の重点災害防止対策を検討する。

### ●安全衛生管理計画書の作成

工事を無事故無災害で完了するための対策をまとめ、「安全衛生管理計画書」を作成する。安全衛生管理計画書には、
①安全衛生方針
②重点目標
③主要工種とその工程
④月ごとの重点実施事項
⑤安全行事
などを記載する［36 ページ図 19］。

## 4.2 安全衛生管理活動

良好な労働環境を維持し、労働災害を防止する責任は労働者を雇用する事業者が負っており、安全衛生管理活動は各々の事業者が自主的に推進しなければならない。しかし、建設工事の現場では、複数の関係請負人が混在して作業を行うので、各々の事業者がそれぞれに安全衛生管理活動を推進しても、相互の連携の不備による災害が発生するおそれがある。そのため、すべての関係請負人の綿密な連携によって、安全衛生管理活動を推進しなければならない。

総合施工計画　35

図19　安全衛生管理計画書例

| | 統括安全衛生責任者 | 元方安全衛生管理者 | 作成者 |
|---|---|---|---|

作成：平成00年00月00日
第　回　　修正：平成00年00月00日

| 25% | 50% | 75% | 100% |
|---|---|---|---|
| それが原因で注意 | | | |

HXX .9.10 ㊞　　予定日 HXX..11.21　　H.. ㊞　　予定日 HXX..1.18　　H.. ㊞　　予定日 HXX..3.15　　H.. ㊞

| 11月 | 12月 | 平成00年1月 | 2月 | 3月 |
|---|---|---|---|---|
| | 外部足場 | 解体 | | |
| | | | | 調整・検査 |
| 地上躯体 | | | | 竣工 |
| 金属屋根 | | | | |
| | 外装 | 外装 | | |
| | 内装 | 内装 | | |
| 設備 | | 設備 | | |
| | 昇降機 | | 外構 | |
| 人荷ELV組立 | クレーン解体 | | バックホー・ラフタークレーン | |
| | | ラフタークレーン・人荷ELV | | |

（中央縦書き：年末年始休暇）

| 移動式クレーンの転倒 | 1 外部足場からの墜落 | 1 足場解体時の墜落 | 1 公衆・第三者災害 | |
|---|---|---|---|---|
| 根からの墜落 | 2 資材の営業線への飛散 | 2 運搬作業による被災 | 2 建設機械との接触 | |
| 材の営業線への飛散 | 3 火災 | 3 有機溶剤中毒 | 3 作業台・移動足場からの転落 | |
| 部足場からの墜落 | 4 高所作業車の転倒 | | 4 電動機械器具の災害 | |

| 付地盤の確認・アウトリガーの張し指示、有資格者の確認 | 1 開口部ゼロの点検・防護ネット・作業床幅・手すりの確認 | 1 危険作業事前検討会の実施・二丁掛安全帯の使用・落下養生の確認 | 1 工事区画の明確化・適切な誘導員の配置・整理整頓、清掃の指示 | |
|---|---|---|---|---|
| 2 作業床（通路）、踏み抜き防止措昇降設備の計画、危険作業討会 | 2 垂直養生（結束、破損、すき間、火花）実施、屋上・屋根の点検 | 2 作業姿勢の指導、既往症の確認、重量物の作業は機械使用を指導 | 2 作業計画書作成、立入禁止区画の設置、誘導者の配置を指示・確認 | |
| R協議事項、危険作業事前検会の決定遵守、二重の防護計 | 3 火気使用届出・消火設備の設置・消火避難訓練の実施 | 3 作業主任者を選任させ、作業場所の換気・呼吸保護具使用を指示 | 3 使用前の点検、無理な姿勢の作業禁止指示。移動足場のロック指導。 | |
| 業開始前の点検指示、変更安全措置と手順の確認 | 4 取扱説明会開催、用途外使用の禁止、運転者の限定、資格の確認 | | 4 持込機械の管理・作業開始前、週間点検の指示 | |

| 付地盤の確認・アウトリガーの張し全開・有資格者による作業 | 1 施設を勝手に変更しない。必ず復旧し確認する | 1 周知、見直し会の実施・二丁掛安全帯の使用・落下養生の実施 | 1 工事区画の明確化・適切な誘導員の配置・整理整頓、清掃の指示 | |
|---|---|---|---|---|
| 置場、作業床（通路）、踏み抜措置、昇降設備の計画通りの | 2 作業区切り毎の整理・整頓・資機材結束の励行 | 2 適切な作業姿勢で作業、取扱重量等で作業方法や必要人員を決める。 | 2 作業計画書作成、立入禁止区画の設置、誘導者の配置を実行 | |
| R協議事項、危険作業事前検会の決定遵守、二重の防護計 | 3 火気使用届出・消火設備の設置・消火避難訓練への参加 | 3 作業主任者が作業や換気、呼吸保護具の使用を指示する。 | 3 使用前の点検実施、無理な姿勢で作業をしない。移動足場のロック確認 | |
| 業開始前の点検実施・変更時安全措置と手順の遵守 | 4 取扱い基本ルールの遵守、用途外使用禁止 | | 4 持込機械届の提出・作業開始前、週間点検実施 | |

| 荷ELV | 昇降機　　▼12/16 クレーン解体 | 電飾看板・足場解体 | 歩道切下工事 | |
|---|---|---|---|---|
| 1/1 | ▼12/5　　　▼12/23 | 1/10▼　　　1/30▼ | ▼2/16 | |
| ▼11/25 | | | | 春季全国火災予防運動 3/1～7 |
| 1/1 | ▼12/1　▼12/10(消火避難訓練)▼1/4 | | ▼2/1 | |
| ▼11/18 | ▼12/16 | 1/20▼ | ▼2/17 | |
| 秋季全国火災予防運動 11/9～11/15 | 建設業年末年始労働災害防止強調期間 12/1～1/15 | | | 建設業年度末労働災害防止強調期間 3/1～3/31 |
| ＜JR線飛来落下防止　監視継続＞ | | ▼足場解体安全対策 | | |

総合施工計画　37

● 安全衛生管理体制

　労働災害防止のための安全衛生活動の母体となるのが安全衛生管理体制である。労働安全衛生法（以降、安衛法と示す）では、「事業所主体のもの」と「混在作業を対象とするもの」とに分け、それぞれ「会議体」を編成し、「責任者」や「管理者」を選任するなど、安全衛生管理体制を整え、組織的に安全衛生活動を推進することを義務づけている。

　事業所主体のものでは、規模（人数）により安全衛生管理体制が異なる。しかし、ほとんどが混在作業を対象とするものに該当する建設工事の現場では、「安全衛生協議会」を設置し、「統括安全衛生責任者」「元方安全衛生管理者」などを任命し、所轄の労働基準監督署長に届け出なければならない[図20]。

● 法定管理者の任命

［統括安全衛生責任者］

　建設工事の現場では、ゼネコン（特定元方事業者）の社員と協力会社（関係請負人）の作業員が混在して作業を進めている。混在作業から生じる災害を防止するための安全衛生管理を「統括管理」といい、現場（同一場所）で

■ポイント
「安全衛生協議会」は、建築工事標準仕様書での呼称であり、全国建設業協会と建設業労働災害防止協会では「災害防止協議会」と呼称される。

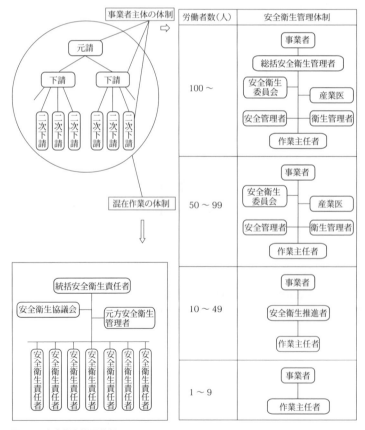

図20　安全衛生管理体制

作業を行う人数（元方事業者の労働者と関係請負人の労働者の合計）が常時
50 名以上である場合は、統括安全衛生責任者を選任することが安衛法・安
衛法施行令に定められている。

●労働安全衛生法第 15 条
●労働安全衛生法施行令第 7 条

　統括安全衛生責任者の資格は"事業の実施を統括管理する者"と定められ
ているので、建設工事の現場では、作業所長が統括安全衛生責任者に選任さ
れる。統括安全衛生責任者の職務は、

①協議組織の設置、運営

②作業間の連絡、調整

③場内の巡視

④作業員の安全衛生教育に対する指導、援助

⑤工程計画、機械設備の設置計画、機械や設備の使用に関する法的措置につ
　いての指導

⑥労働災害防止のために必要なクレーン運転のための合図、現場内の標識、
　警報、避難訓練の実施方法などの統一、場内の状況を周知させるための資
　料の提供

などである。

[元方安全衛生管理者]

　統括安全衛生責任者を選任する現場では、職務が多岐にわたる統括安全衛
生責任者の技術面の補佐役として、元方安全衛生管理者を選任することが安
衛法に定められている。

●労働安全衛生法第 15 条の 2

　元方安全衛生管理者の職務は技術面に限定されるのではなく、むしろ、統
括安全衛生責任者の職務を具体的に推進する立場で補佐すると考えること
が、より現実に即している。

[安全衛生責任者]

　統括安全衛生責任者を選任する現場では、協力会社（統括安全衛生責任者
を選任すべき事業者以外の請負人）は、安全衛生責任者を選任することが安
衛法に定められている。

●労働安全衛生法第 16 条

　安全衛生責任者の職務は、労働安全衛生規則に明記されており、

●労働安全衛生規則第 19 条

①統括安全衛生責任者との連絡

②統括安全衛生責任者からの連絡事項の関係者への連絡

③統括安全衛生責任者からの連絡事項の実施と管理

④作業計画などについての統括安全衛生責任者との連絡調整

⑤混在作業による危険の有無の確認

⑥作業の一部を請け負わせる先の安全衛生責任者との連絡調整

などである。

総合施工計画　39

## ●安全衛生推進のための会議体の設置

混在作業が行われる現場の施工管理を請け負ったゼネコン（特定元方事業者）は、協力会社（関係請負人）が参加する協議組織（安全衛生協議会）を設置し、定期的に運営しなければならないことが、安衛法および労働安全衛生規則に定められている。

安全衛生協議会は月1回以上の定期開催とするが、統括安全衛生責任者、元方安全衛生管理者、安全衛生責任者等が出席し、混在作業が抱える諸問題を解決するための作業所全体の連絡調整機関として運営する。さらに、作業所における安全衛生管理の方針の設定や計画の樹立、諸規定の作成、安全衛生活動についての協議機関として活用する。また、会の円滑な運営を図るためには、あらかじめ会則などを定める必要がある。

●労働安全衛生法第30条第1項第1号
●労働安全衛生規則第635条

## ●安全衛生管理体制の運営

安全衛生管理体制は責任者を選任し、会議体を設置するだけの形式的なものであってはならない。現場の規模や立地条件に適応した体制を整えるとともに、活動の基本方針や重点実施事項を明確にして周知徹底を図る。責任者や管理者ばかりでなく、全員がそれぞれの役割を理解して活動に積極的に参加するような、実質的な安全衛生管理活動が展開されるムードづくりが大切である。

## 4.3 安全衛生管理計画

## ●月度安全衛生管理計画表の作成

安全衛生管理計画書に基づいて、「月度安全衛生管理計画表」を作成する。

月度安全衛生管理計画表には、

①主要工程と作業日程

②無事故無災害達成のための月間安全衛生重点目標

③目標達成のための災害防止対策

④目標達成のための意識向上や教育のための安全衛生行事計画

⑤安全衛生当番

などを記載する［図21］。

## ●毎日の安全衛生活動

［安全朝礼］

作業開始前に全員を集めて行う。準備体操で体をほぐし、統括安全衛生責任者の挨拶、連絡調整や指示事項の伝達の後、シュプレヒコールで安全意識を盛り上げる。

| 工事名称：○○ビル新築工事 | | | | | 月間重点目標<br>（予想される災害の防止） | 1. 鉄骨からの墜落　　の防止<br>2. JR営業線への飛来落下　　の防止<br>3. 開口部周辺からの墜落　　の防止<br>4. 外部足場からの墜落　　の防止 | 統括安全衛生責任者 | 元方安全衛生管理者 | 係員 |
|---|---|---|---|---|---|---|---|---|---|
| 10月度 安全衛生管理計画表（記入例）　作成：20XX年09月20日 | | | | | | | | | |

| | | 1〜5 | 6〜10 | 11〜13 | 14〜19 | 20〜25 | 26〜31 |
|---|---|---|---|---|---|---|---|
| 日付／曜日 | | 水木金土日 | 月火水木金 | 土日月 | 火水木金 土日 | 月火水木金 土日 | 月火水木金 |
| 主要工程 | | | 鉄骨足場組立 → 鉄骨建方工事 | 鉄骨本締・溶接 | | 外部足場組立 / 鉄筋組立工事（1F立上り） / 型枠組立工事（1F立上り） | |
| 建設機械・揚重機 | | | タワークレーン JCC230 / 25tラフタークレーン | | | | |
| 予想される災害<br>（特定された危険有害要因） | | 略 | 1. 鉄骨からの墜落<br>2. JR営業線への飛来落下<br>3. 開口部周辺からの墜落<br>4. 鉄骨仕込み時の転倒 | | 1. 鉄骨からの墜落<br>2. JR営業線への飛来落下<br>3. 開口部周辺からの墜落<br>4. 溶接火花による火災 | 1. 鉄骨からの墜落<br>2. JR営業線への飛来落下<br>3. 外部足場からの墜落<br>4. スラブ上から墜落 | |
| 重点実施事項<br>（危険・有害要因除去対策／災害防止対策） | 建設 ●● | 略 | 1. 二丁掛安全帯使用指示<br>2. 鉄骨建方工具落下防止対策指示<br>3. 鉄骨上荷受構台・通路整備<br>4. 仮置き、施工手順指示 | | 1. 仮設昇降階段早期設置<br>2. 外部飛来防止ネット先行張り<br>3. 鉄骨上荷受構台・下部養生ネットの整備<br>4. 火花養生シートの先行設置 | 1. 安全施設（ネット親綱）の点検整備<br>2. 型枠資材飛散防止対策指示<br>3. 外部足場組立手順の確認・周知会の実施<br>4. 工区境の区画表示と遵守指導 | 略 |
| | 協力会社 | 略 | 1. 親綱先行、二丁掛け安全帯使用徹底<br>2. 鉄骨建方工具落下防止対策実施<br>3. 構台・通路の点検整備<br>4. 計画通りの仮置、施工手順励行 | | 1. 昇降階段使用、二丁掛け安全帯徹底使用<br>2. 鉄骨組立と並行してネット養生<br>3. 構台の点検、端部作業での安全帯使用徹底<br>4. 消火器の設置と作業終了時の火の気確認 | 1. 昇降階段使用、二丁掛け安全帯徹底使用<br>2. 作業中・後の型枠材の飛散防止<br>3. 外部足場組立作業中、関係者以外の立入禁止<br>4. 工区境の立入禁止措置の実施 | 略 |
| 週間活動の評価 | | 略 | 地上での仮設機材の取付手順が計画と異なる不具合があった。 | | | | |
| 安全当番 | ●●建設 | 溜池 | 新橋 | | 青山 | 赤坂 | 溜池 |
| | 協力会社 | 竹橋 | 神田 | | 浅草 | 渋谷 | 上野 |
| 行事計画 | 危険作業事前検討会<br>災防協・安全大会<br>職長会<br>全国安全衛生行事 | ▼安全大会10/1<br>〈全国労働衛生週間 10/1〜7〉 | ▼外部足場架設10/6 | ▼型枠組立10/13 | | ▼10/21 | ▼災防協10/28 |
| | JR営業線飛来落下防止対策 | ▼10/1 営業線近接工事の事故事例講習<br>〈JR営業線飛来・落下防止　継続監視〉 | | | | | |

制定　20XX年6月1日<br>改訂　20YY年4月1日

図21　月度安全衛生管理計画表例

## ［安全ミーティング］

安全朝礼に続いて行う作業グループごとのミーティングで、保護具や服装の点検、作業指示の徹底、危険予知活動、他職種との調整事項の伝達などを行う。

## ［作業開始前の点検］

作業開始前に、作業場所で使用材料、機械、設備、作業環境、足場などの点検を行う。午後の作業開始前にも実施する。この場所で、さらなる詳細な現地安全ミーティングを実施することは有効である。

## ［作業所長の巡視］

作業所長（統括安全衛生責任者）は、作業員の作業状況、機械や設備の保安状況、作業場所の環境状況、資機材の搬入状況、各職長の作業員に対する監督状況などを確認する。巡回頻度としては、午前と午後各1回（法的には1日1回以上）、作業所全域を巡視する。

## ［作業中の指導、監督］

職長や作業主任者は、作業の進捗とともに変化する現場の状況や作業の流れを見て、安全設備の不備、機械や工具の不具合、作業を行う場所の環境条件の悪化など、異常が発見されたときは、直ちに是正する。

また、連絡や指示の不徹底による作業員の不安全行動などが発見されたと

総合施工計画　41

きは、作業をいったん中止し、再度の打合せにより連絡や指示を徹底させて
から作業を再開する。

[安全工程調整会議]

　毎日時間を決めて、作業所長、工事担当、安全当番および協力会社の職長
などによる打合せを行う。翌日行われる作業間の連絡調整を中心に、作業に
ともなう安全対策、注意事項とその周知の方法などについて打ち合わせる。

[作業終了後の片付け]

　終業前に、各自作業を行った場所を、また、共用部分や資機材の集積場所
などは担当者を決めて、場内の片付けを行う。

[終業時の確認]

　協力会社の職長に、終業時の片付け状況、火気の始末、電源のオフ、重機
の停止状況と鍵の保管、第三者防護施設の状況などの確認とその報告を義務
づける。

●週間の安全衛生活動

[週間点検]

　週1回、日時を決めて、場内の作業環境、重機、車両、工事用設備（仮
設物）などの点検を行う。

[週間安全工程打合せ]

　週1回、日時を決めて、週間工事予定の各職種間の作業調整、資機材の
搬出入予定の確認と調整、作業にともなう安全対策などについて打ち合わせ
る。

[週間一斉片付け]

　週1回、日時を決めて、場内の一斉片付けを行う。担当区域を明確にして、
全員が協力して一斉片付けを行うことにより、グループ単位で実施される終
業時片付けでは見落とされがちな部分についても、片付けが徹底される効果
がある。

●月間の安全衛生活動

[安全衛生協議会（災害防止協議会）]

　施工中の協力会社および翌月入場する協力会社の安全衛生責任者等を集
め、月1回以上、定期的に安全衛生協議会を開催する。

　統括安全衛生責任者の挨拶にはじまり、前月度の重点実施事項の問題点や
反省点、さらに今月度への改善点などを協議する。また、場内パトロールの
結果に基づいた災害防止策のほか、作業間の連絡調整や作業過程での安全対
策などについて協議する。

[定期（月例）自主検査]

　月1回、日を決めて、車両系建設機械、クレーン、電気機械設備、持込

■ポイント
最近、元方事業者によっては、
日々の片付けを重視し、一斉
片付けは行わない場合が多く
なっている。

み機器などの点検と、酸素濃度測定（都度）などの作業環境に関する測定を行う。点検検査項目および点検者、測定方法と測定者などを定めた検査基準や測定基準に従って実施する。

## ［安全大会］

月1回、全員が参加して、安全大会を開催する。作業所長の安全講話、優秀な職種グループや個人の表彰、健康診断や体力測定、ストレッチ体操などを行い、作業員の安全衛生に関する意識を高める。

## ●随時実施する安全衛生活動

## ［入場予定協力会社との事前打合せ］

入場予定が決まった協力会社に、現場の状況や施工方法を説明し、必要な手続きや書類の作成などを指示する。

## ［安全衛生教育］

安全衛生に関する意識を高めるために、定期的に、全作業員を対象にした教育を実施する。また、協力会社に新規入場者の教育を行うよう指導し、必要な資料や場所を提供するなどの支援を行う。

## ［各行事の取込み］

現場の安全衛生活動に効果が期待できる諸団体による安全衛生関連行事は、積極的に取り入れる。

## ［安全施工サイクル］

多くの作業が混在し、作業員の入れ代わりが多い建設現場では、毎日繰り返される「安全朝礼」から「終業時の確認」までの流れを定型化することは、安全確保に効果がある。

基本的な実施事項を、毎日、毎週、毎月のサイクルに分けてパターン化し、内容の改善、充実を図りながら、継続的に実施する活動を安全施工サイクル活動という［図22］。

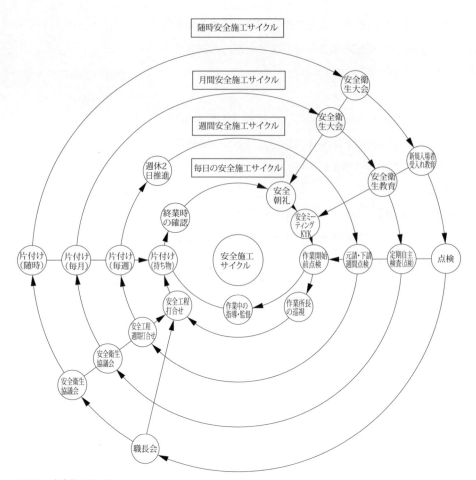

図 22　安全施工サイクル

# 5 環境管理計画

　建設工事は、騒音、振動、地下水位の低下、地盤沈下、大気汚染、水質汚濁など、地域環境に多くの影響を及ぼす。また、大量の資源やエネルギーを消費し、多量の副産物や廃棄物が発生するため、資源の枯渇、開発による自然環境の破壊、炭酸ガスによる地球温暖化、フロンやハロンによるオゾン層の破壊、廃棄物の不適切な処理が行われた場合の大気汚染や水質汚濁など、地球環境に好ましくない影響を及ぼすおそれがある。そのため、適切な施工管理により、これら地域環境への影響を可能な限り軽減しなければならない。

## 5.1 環境保全活動

### ●項目の特定

　環境保全活動の対象は、
①建設工事に共通で影響の大きい項目
②工事の特殊性や地域条件などを考慮して、影響が大きいと判断される項目
などから特定する。

　共通の項目は企業として設定し、全作業所で活動を展開する。工事の特殊性や地域条件によって影響の程度が異なる項目は、各作業所で、
①関係法令が適用される項目
②関係法令の適用外であるが、影響の大きい項目
などを特定し、活動を展開する。

### ●特定項目の管理

　関係法令が適用される特定項目は、法規制を遵守することにより管理する。関係法令適用外の特定項目は、独自の管理要領を作成し、要領書に従って管理する。

## 5.2 建設副産物

### ●関係法令

　建設工事は、
①廃棄物の処理及び清掃に関する法律（廃棄物処理法）、同施行令、同施行規則
②資源の有効な利用の促進に関する法律（資源有効利用促進法）、同施行令、

総合施工計画　45

同施行規則

③特定建設資材に係る分別解体等及び特定建設資材廃棄物の再資源化等の促進等を目的にした法律

などの関係法令により、建設副産物の発生の抑制、発生した副産物の再利用による資源の有効利用、建設廃棄物の適正処理などにより、地球環境の保全に努めることが義務づけられている。

●管理活動

[建設発生材の抑制]

規格材を考慮した設計、使用材料の計画的な搬入、梱包材を削減した材料の選定などにより、建設副産物の発生を抑制する。

[建設副産物の再利用]

建設副産物の再利用を推進することにより、発生材が抑制され環境保全に貢献するが、資源の有効な利用の促進に関する法律、同施行令、および関連省令では、建設発生土、コンクリート塊、アスファルト・コンクリート塊、木材などの利用について規定している [表5]。

| 廃棄物の処理及び清掃に関する法律（廃棄物処理法） | 昭和45年12月25日　法律第137号<br>最終改正　　　　　平成26年6月13日 |
|---|---|
| 廃棄物の処理及び清掃に関する法律施行令 | 昭和46年9月23日　政令第300号<br>最終改正　　　　　平成28年2月19日 |
| 資源の有効な利用の促進に関する法律（資源有効利用促進法） | 平成3年4月26日　法律第 48号<br>最終改正　　　　　平成26年6月13日 |
| 資源の有効な利用の促進に関する法律施行令 | 平成3年10月18日　政令第327号<br>最終改正　　　　　平成27年9月9日 |
| 建設工事に係る資材の再資源化等に関する法律（建設リサイクル法） | 平成12年5月31日　法律第104号<br>最終改正　　　　　平成26年6月4日 |

表5　建設副産物の処理および再利用関係法令

資源の有効な利用には分別回収が必要であり、分別場とリサイクル施設を設けて、再資源化が可能なものと再利用がむずかしい混合廃棄物に分けて回収する。

[廃棄物の適正処理]

廃棄物の処理及び清掃に関する法律では、廃棄物を一般廃棄物と産業廃棄物に分け、それぞれに特別管理廃棄物を定めている [図23]。

排出事業者は、収集運搬に関する契約を収集運搬業者と、処分に関する契約を処分業者と書面（電子契約でも可）で締結しなければならない。

マニフェスト制度は、産業廃棄物の委託処理における排出事業者責任の明確化と、不法投棄の未然防止を目的に制定された。廃棄物を排出する場合には、マニフェストの交付義務がある。

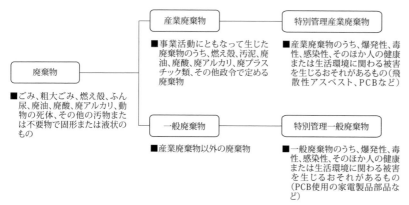

図23 産業廃棄物

マニフェスト制度には、建設六団体副産物対策協議会が発行する書式にて情報のやり取りをする紙マニフェストと、マニフェスト情報を電子化して、排出事業者、収集運搬業者、処分業者の三者が情報処理センターを介したネットワークでやり取りする電子マニフェストがある。

紙マニフェストのフローと保存については、以下のとおりである［図24］［表6］。

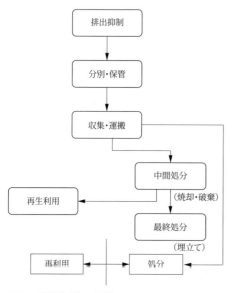

図24 建設廃棄物の処理

| 区分 | | 保存するマニフェスト伝票 |
|---|---|---|
| 排出事業者 | | A票、B2票、D票、E票 |
| 収集運搬事業者 | | C2票 |
| 中間処理業者 | 処分受託者として | C1票 |
| | 処分委託者として | A票、B2票、D票、E票 |
| 最終処分業者 | | C1票 |

表6 保存しなければならないマニフェスト伝票と区分

①紙マニフェストの交付

排出事業者は、マニフェスト（7枚複写A・B1・B2・C1・C2・D・E票）に必要事項を記入し交付する。廃棄物の引渡し時に、収集運搬業者による署名または押印を得て、A票を手元に残し、残りのマニフェストを収集運搬業者に渡す。排出事業者はそのA票を5年間保存する。

②運搬終了時

収集運搬業者は、残りのマニフェストを廃棄物とともに処分業者に渡す。処分業者は所定欄に署名のうえ、B1 票、B2 票を収集運搬業者に返す。収集運搬業者は B1 票を保管し、B2 票を排出事業者に送付（10 日以内）し、運搬終了を報告する。

③処分終了時

処分業者は、処分終了後、マニフェストの所定欄に署名し、収集運搬業者に C2 票を、排出事業者に D 票（最終処分の場合は E 票も併せて）を送付（10 日以内）し、C1 票は自ら保存する。処分（中間処理）業者は受託した産業廃棄物を中間処理した残さ（中間処理産業廃棄物）の最終処分が終了するまでの間、伝票を保管する。

④最終処分終了時

処分業者は、自ら交付したマニフェスト（2 次マニフェスト）等により最終処分の終了を確認し、保管していた排出事業者の E 票に最終処分終了年月日、最終処分の場所を記載のうえ、排出事業者に返送（10 日以内）する。

⑤返送されたマニフェストの確認および保存

1）排出事業者による確認

排出事業者は、A 票と収集運搬業者、処分業者から戻ってきた B2 票、D 票、E 票を照合し、適正であることを確認しなければならない。

2）マニフェスト伝票の保存

排出事業者および処理・処分業者が保存しなければならないマニフェスト伝票は、表 6 のとおりである。保存期間は、マニフェストの交付日または送付を受けた日から 5 年間である。

●廃棄物の処理及び清掃に関する法律第 12 条の 3 第 2、9、10 項

［管理目標］

建設発生材の抑制および建設副産物の再利用については、混合廃棄物の排出量を重点管理項目に設定することが多い。実績に基づいた建築床面積当りの混合排出量に基づいて管理目標値を設定し、それ以下に抑えるように管理する。

また、建設副産物の再利用については、建設発生土、コンクリート塊、アスファルト・コンクリート塊などの利用計画を立てて管理する。

廃棄物の適正処分については、マニフェストの回収率 100 ％を管理目標に設定して、不法投棄などが行われないよう管理することが多い。

## 5.3 騒音、振動

### ●関係法令

建設工事の騒音と振動についての関係法令には、

①騒音規制法、同施行令、同施行規則

②特定建設作業に伴って発生する騒音の規制に関する基準

③振動規制法、同施行令、同施行規則

などがあり、特定建設作業に適用される［表7］。

| | | 特定建設作業 |
|---|---|---|
| 騒音 | | 1. 杭打ち機（もんけんおよび圧入式杭打ち機を除く）、杭抜き機（油圧式杭抜き機を除く）または杭打ち杭抜き機（圧入式杭打ち杭抜き機を除く）を使用する作業（杭打ち機をアースオーガーと併用する作業を除く）<br>2. 鋲打ち機を使用する作業<br>3. 削岩機を使用する作業（連続的な移動作業の2地点間の最大距離が50m/日を超えない作業に限る）<br>4. 空気圧縮機（定格出力15kW以上の電動機以外の原動機を使用する作業（削岩機の動力として使用する作業を除く））<br>5. コンクリートプラント（混練容量0.45m³以上）またはアスファルトプラント（混練容量200kg以上）を使用する作業（モルタルの製造作業を除く）<br>6. 定格出力80kW以上のバックホウ（低騒音指定機種を除く）を使用する作業<br>7. 定格出力70kW以上のトラクターショベル（低騒音指定機種を除く）を使用する作業<br>8. 定格出力40kW以上のブルドーザ（低騒音指定機種を除く）を使用する作業 |
| 振動 | | 1. 杭打ち機（もんけんおよび圧入式杭打ち機を除く）、杭抜き機（油圧式杭抜き機を除く）または杭打ち杭抜き機（圧入式杭打ち杭抜き機を除く）を使用する作業<br>2. 鋼球を使用して、建物その他の工作物を破壊する作業<br>3. 舗装板破砕機を使用する作業（連続的な移動作業の2地点間の最大距離が50m/日を超えない作業に限る）<br>4. ブレーカー（手持式を除く）を使用する作業（連続的な移動作業の2地点間の最大距離が50m/日を超えない作業に限る） |

注）ただし、当該作業がその作業を開始した日に終わるものを除く

表7　騒音、振動の関係法令に定められた特定建設作業

## ●管理活動

特定建設作業をともなう建設工事を施工する場合は、作業開始の7日前までに、特定作業の種類、使用機械の名称、作業開始および終了時刻などを、都道府県知事宛に届け出なければならない。低騒音、低振動機器を採用して騒音、振動を抑制するとともに、作業期間、作業時間などを厳守して騒音、振動の発生期間の限定と短縮に努める。また、特定建設作業は日曜日、その他の休日には作業できないので注意すること。

管理としては、敷地境界線近くに計器を設置して、騒音、振動を定期的に測定し、基準値を超えないように管理する。基準値は近隣協定で決められることもあるが、法に定められた騒音85dB、振動75dBが目安となる［表8］。

**■ポイント**

条例によって、特定建設作業に含まれない作業についても、「指定建設作業」と規定し、各種規制が設定されているので、行政庁への確認が必要である。

| 規制 | | 規制の内容 |
|---|---|---|
| 騒音、振動のレベル | 騒音 | 85dB以下（敷地境界線上で） |
| | 振動 | 75dB以下（敷地境界線上で） |
| 夜間作業または深夜作業の禁止 | 第1号区域 | 午後7時から翌日午前7時まで |
| | 第2号区域 | 午後10時から翌日午前6時まで |
| 1日の作業時間の制限 | 第1号区域 | 1日につき10時間 |
| | 第2号区域 | 1日につき14時間 |
| 作業期間の制限 | | 同一場所において連続6日間 |
| 休日作業の禁止 | | 日曜日、その他の休日 |

表8　騒音、振動の規制基準

## 5.4 大気汚染

### ●関係法令

大気汚染の関係法令には、

①労働安全衛生法、同施行令、同規則

②大気汚染防止法、同施行令、同施行規則

③大気汚染に係る環境基準

④二酸化窒素に係る環境基準

⑤自動車から排出される窒素酸化物及び粒子状物質の特定地域における総量
の削減等に関する特別措置法、同施行令、同施行規則

⑥スパイクタイヤ粉じんの発生の防止に関する法律、同施行令、同施行規則

⑦特定物質の規制等によるオゾン層の保護に関する法律、同施行令、同施行
規則

などがある。

大気汚染防止法において、解体等工事の受注者または自主施工者は、建築
物または工作物の解体等を行うときは、あらかじめ特定建築材料の使用の有
無を調査することなどが義務づけられている。

●大気汚染防止法施行令第3
条の3

特定建築材料とは、吹付け石綿、石綿を含有する断熱材、保温材および耐
火被覆材（石綿が質量の 0.1％を超えて含まれているもの）のことである。

特定建築材料が使用されている建築物等の解体、改造、補修作業を行う際
には、事前に都道府県等に届出を行い、石綿飛散防止対策（作業基準の遵守）
が義務づけられている。

労働安全衛生法においても、吹付け石綿、石綿含有保温材、石綿含有耐火
被覆材、石綿含有断熱材の除去作業、封じ込めまたは囲い込みの作業を行う
際は、所轄労働基準監督署長に届出が義務づけられている。

●労働安全衛生法第28条第
1項

自動車から排出される窒素酸化物及び粒子状物質の特定地域における総量
の削減等に関する特別措置法などは、コンクリートミキサー車やクレーン車
などを使用する作業に適用される。

スパイクタイヤ粉じん発生の防止に関する法律などは、積雪や凍結のない
舗装道路でのスパイクタイヤの使用を規制している。

特定物質の規則等によるオゾン層の保護に関する法律などは、解体工事や
改修工事の冷凍機に使用したフロンや、消火設備に使用したハロンなどの取
扱いに適用される。

大気汚染および二酸化窒素に係る環境基準は、粉塵を発生する作業や重機
を使用する作業に適用されるが、直接作業所に適用されることはない。

●管理活動

　吹付け石綿の除去作業を行う場合は、作業開始14日前までに都道府県知事への届出、所轄労働基準監督署長への計画書の提出が義務づけられている。除去作業中は、飛散抑制剤の散布、作業場所の隔離、隔離した内部の負圧化、除塵装置の稼働などにより、石綿繊維の飛散を防ぐとともに飛散量を抑制する。窒素酸化物ばかりでなく、地球温暖化の原因となる二酸化炭素の排出には、工事関連の車両が深く関わる。使用車両の削減、輸送の効率化、輸送手段の改善、アイドリングストップの励行、運転者の教育などにより排出量の抑制を図る。

　スパイクタイヤによる粉塵は地域や季節により対応が異なるが、禁止事項の周知徹底、運転者の教育などにより発生の防止に努める。

　フロンやハロンについては、解体工事に先立って調査を行い、存在が確認された場合は、すべてを回収し、無害化処理を行う。

## 5.5 水質汚濁、土壌汚染

●関係法令

　水質汚濁、土壌汚染の関係法令には、
①水質汚濁防止法、同施行令、同施行規則
②水質汚濁に係る環境基準
③排水基準を定める省令
④土壌の汚染に係る環境基準
などがある。

　水質汚濁防止法などは、事務所の雑排水、モルタル洗浄水、外壁洗浄水などの排水に適用される。水質汚濁に係る環境基準は、解体工事、準備工事、土工事など排水をともなう工事に適用される。

　排水基準を定める省令は、水質汚濁防止法施行令に定めた特定施設からの排出水で、同施行令に定めたカドミウムやシアンなど、およびそれらの化合物を含むものに適用される。土壌の汚染に係る環境基準は、土壌汚染物質を排出する工事に適用される。

●水質汚濁防止法施行令第1条、別表1、第2条

●管理活動

　建築工事の排水には、事務所の雑排水、ディープウェルなどの地下水揚水にともなう排水、土工事などの土砂や浮遊物の混入する排水、コンクリートやモルタル洗浄水のようなアルカリ性排水、外壁洗浄水のように洗剤が混入する排水などがある。浄化槽、ノッチタンク、沈殿設備、中和設備など適切な設備の設置と点検の実施により、混入物の除去や中和など、適切な無害化

処理を行い、放流する。また、事前の調査により、有害物質使用特定施設の跡地であることが確認された場合は、水質調査を行い、基準に定められた値以下に抑える措置を講じる。

## 5.6 悪臭

### ●関係法令

悪臭の関係法令には、悪臭防止法、同施行令、同施行規則があり、ゴム、皮革、合成樹脂、廃油などの焼却、その他の悪臭が発生する作業に適用される。

### ●管理活動

悪臭を発生する物を屋外で焼却するなどして、周辺地域の生活環境を損ねることがないよう周知徹底させる。過去においては、冬季に、廃材などを燃やして処分したり、暖をとることがあったが、今は廃棄物処理法により「野焼き」は禁止されているので注意が必要である。

●廃棄物処理法第16条の2、廃棄物処理法施行令第14条

## 5.7 危険物

### ●関係法令

危険物の関係法令には、
①消防法
②危険物の規制に関する政令、同規則
などがあり、アセチレンなど、少量危険物、指定可燃物などを取り扱う工事に適用される。

●消防法第2条第7項、第10条、別表第1

### ●管理活動

工事に使用する危険物については、取扱い上の注意事項を周知徹底させる。また、危険物の保管には、
①アセチレンガスボンベは、通気や換気のよい場所に保管し、温度上昇を避けるための日光の遮蔽処置や転倒防止処置の実施。
②少量危険物は、換気が十分で、施錠ができる場所に保管し、転倒防止や漏洩防止処置の実施。
など、適切な場所を選び、適切な処置を施す。また、危険物の種類や数量、取扱い責任者、保管上および使用に当たっての遵守事項を明示する。なお、
　アセチレンガスなど：指定数量以上（圧縮アセチレンガスの指定数量は40kg）
　少量危険物：指定数量の0.2～1倍以上

| 種類 | 品名 | 性質 | 指定数量 |
|---|---|---|---|
| 第1類 | 不燃性である（可燃性のものもある）が、加熱、衝撃などにより酸素を放出し、可燃物と混合していたりすると爆発の危険がある。強い酸化剤である。 | 第1種酸化性固体 | 50kg |
| | | 第2種酸化性固体 | 300kg |
| | | 第3種酸化性固体 | 1,000kg |
| 第2類 | 低温でも着火しやすい可燃物で、燃焼によって有毒ガスを発生したり、激しい熱を発生したりする。 | 硫化りん | 100kg |
| | | 赤りん | 100kg |
| | | 硫黄 | 100kg |
| | | 鉄粉 | 500kg |
| | | 第1種可燃性固体 | 100kg |
| | | 第2種可燃性固体 | 500kg |
| | | 引火性固体 | 1,000kg |
| 第3類 | 水を掛けると発火したり、発熱したり、可燃ガスを発生する物質で、禁水性物質ともいわれる。 | カリウム | 10kg |
| | | ナトリウム | 10kg |
| | | アルキルアルミニウム | 10kg |
| | | アルキルリチウム | 10kg |
| | | 黄りん | 20kg |
| | | 第1種自然発火性物質、禁水性物質 | 10kg |
| | | 第2種自然発火性物質、禁水性物質 | 50kg |
| | | 第3種自然発火性物質、禁水性物質 | 300kg |
| 第4類 | 石油類のような可燃性の液体で、着火すると激しい熱を発生する。蒸気を発生しやすいが、蒸気は引火性が強く危険である。危険物中圧倒的な割合を占める。 | 特殊引火物 | 50L |
| | | 第1石油類<br>（ガソリン、アセトン等）<br>　　非水溶性液体<br>　　水溶性液体 | 200L<br>400L |
| | | アルコール類 | 400L |
| | | 第2石油類<br>（灯油、軽油等）<br>　　非水溶性液体<br>　　水溶性液体 | 1,000L<br>2,000L |
| | | 第3石油類<br>（重油、クレオソート油等）<br>　　非水溶性液体<br>　　水溶性液体 | 2,000L<br>4,000L |
| | | 第4石油類<br>（ギヤー油等） | 6,000L |
| | | 動植物油類 | 10,000L |
| 第5類 | 可燃性であると同時に、酸素を保有しているため、燃焼速度が速く、爆発的に燃える。 | 第1種自己反応性物質 | 10kg |
| | | 第2種自己反応性物質 | 100kg |
| 第6類 | 自身は燃えないが、酸化剤であるため、可燃剤を燃焼させる危険性があり、水を注ぐと発熱したり爆発したりするおそれがある。 | | 300kg |

※消防法別表より

表9　危険物の指定数量

　指定可燃物：指定数量の5（発泡合成樹脂は1）倍以上
を貯蔵する場合は、所轄消防所長への届出が必要である［表9］。

　危険物は、指定数量以上の危険物を保管したり取り扱ったりする場合は、
危険物取扱者が行わなければならず、指定された貯蔵所以外の場所に保管することもできない。

# 6 総合仮設計画

　総合施工計画に基づいて、総合仮設計画を立案する。

総合仮設計画の検討の対象は、

①仮囲い、仮門

②仮設建物（作業所事務所、休憩所など）

③仮設道路、洗車場、駐車場

④乗入れ構台、防護構台、荷受け構台

⑤足場（通路、桟橋など）

⑥揚重機（クレーン、エレベータ、リフトなど）

⑦工事用設備（電気、給排水、情報通信など）

⑧安全、防災、公害防止設備

⑨現場工場、全天候屋根システム

などである。なお、総合仮設計画図は、地下工事期間、地上工事期間など、いくつかの工事の代表的な段階に分けて作成することが多い。

参考文献
・彰国社編『建築施工管理の現場教本』彰国社　1990年
・彰国社編『施工計画資料集成　施工計画ガイドブック　工事編』彰国社　1985年
・建設業労働災害防止協会編『建設技術者安全衛生管理講座　基礎コース』建設業労働災害防止協会　1997年
・彰国社編『建築工程表の作成実務』彰国社　1998年

# 仮設インフラ

1 作業所事務所、休憩所

2 現場工場

3 仮囲い、仮門

4 仮設道路、洗車場、駐車場

5 安全広場

6 全天候型工事用仮設物

7 乗入れ構台

8 防護構台

9 荷受け構台

10 桟橋通路

11 廃棄物処理、分別場、リサイクル施設

12 場内通信設備、入退場管理設備

13 安全施設

14 工事用給排水設備

15 工事用電気設備

# 1　作業所事務所、休憩所

## 1.1 作業所事務所、休憩所の目的と機能

作業所事務所には監理事務所と工事事務所が、休憩所には作業員休憩所と警備員休憩所があり、それぞれ目的に応じた機能を備えたものとする。

●目的

作業所事務所、休憩所は、それぞれ、

①監理事務所：監理者が工事の監理業務を行う
②工事事務所：施工会社が作業所の統括管理を行う［写真1］
③作業員休憩所：作業員の事務処理、更衣、食事、休憩、小道具置場に使用する
④警備員休憩所：警備員が警備、検問などのために詰める［写真2］

などの目的で設置する。

写真1　工事事務所例（上：小規模、下：大規模）

●機能

作業所事務所や休憩所に求められる機能は、

①監理事務所：一般事務室、製図（CAD）室、打合せ室などを設ける
②工事事務所：一般事務室、製図（CAD）室、更衣室、休憩室、湯沸室、打合せ室（定例会議、工事打合せなどに使用）などを、また、必要に応じて、工事原価管理室、食堂、喫煙所、シャワー室、ドレッシングルーム（女性用）などを設ける
③作業員休憩所：作業員休憩所は作業員の事務処理、更衣、食事、休憩、小道具置場などに使われる
④警備員休憩所：警備員休憩所は休憩時に使用する程度なので、小型のコンテナハウス形式のものが多用される

などである。

写真2　警備員休憩所

## 1.2 設置時期と設置期間

作業所事務所や休憩所は、本工事の開始までには必要なので、準備工事期間中に設置する。設置期間は全工期に及ぶが、工事事務所は、残務整理や建物使用開始直後のメンテナンスのために、竣工後数カ月は設置していることが多い。

工事敷地内に設置する場合は届出は必要ないが、下部を駐車スペースなど

に利用するため、オーバーブリッジ形式にする場合などは、構造計算により安全性を確認しなければならない。しかし、工事敷地外に設置する場合は届出が必要になる。

## 1.3 制約条件の確認

設計図書の確認、敷地および周辺の調査により、

①仮設建物などに関する特記事項の有無：監理事務所の仕様、規模、備品などについて記載されていることが多いので、内容を確認する。また、規格品が採用される場合は、カタログなどを取り寄せ、標準図や仕様について確認する

②地下階や低層階の倉庫や駐車場などの有無：仕上工事のピークや外構工事を始めるに当たって、仕上工事や設備工事の少ない倉庫や駐車場などを作業員休憩所に使用することが多い。また、仕上工事を完了して、養生して使う場合もある

③作業所事務所などを設置するスペースの有無：重機の作業スペース、資機材置場、材料加工場、仮設便所、ほかの仮設建物など、総合仮設計画との関連のなかで、作業所事務所などの配置を検討する。敷地に余裕がない場合は、作業所事務所は敷地外の空地か近隣建物内に設置するが、工事現場から遠く離れる場合には、現場内に小型のユニットハウスを設け、サテライトオフィスとして、簡単な打合せや事務所との連絡に使用する

④近接する民家等の有無：民家などが近接する場合は、民家側に窓を設けないなど、プライバシー保護に配慮する。また、夜間作業が頻繁に発生するような場合には、内部階段型の事務所にするなど、視覚対策や騒音対策のための配慮も必要である

などについて確認する。

## 1.4 計画上の留意点

### ●配置計画

監理事務所と工事事務所は機能が異なるので、同室とすることは避けなければならないが、日常の業務の関連性とコミュニケーションの重要性を考慮すれば、同一階または近い位置に配置することが望ましい。作業員休憩所は工事事務所の近くで、打合せのしやすさや、管理しやすい位置に設けることが望ましい。工事事務所を2階や3階に設け、作業員休憩所を1階に設ける例が多い。警備員休憩所は、用途上、工事用ゲート、作業所出入口付近に

仮設インフラ　57

設置するのが基本である。

### ●構造、仕様

プレファブ形式とコンテナハウス形式とがあり、コンテナハウス形式には、単独で使用するものと規模に応じて組み立てることが可能なユニットハウス形式がある。

### ●規模

［監理事務所］

監理事務所の規模は工事事務所に準ずるが、特記事項によるか、打合せにより決定する。

［工事事務所］

工事事務所の規模の検討では、

①作業所配属職員数を基準に規模を決定する

必要延べ面積の目安は、

炊事室、宿直室ともあり：12〜14m²/人

炊事室あり、宿直室なし：10〜12m²/人

炊事室、宿直室ともなし：8〜10m²/人

とする

②工事の最盛期や竣工前の応援職員など、増員に対しても弾力的に対応できる使用方法を検討する（特に、突貫工事では十分な配慮が必要である）

などに留意する。

［作業員休憩所］

作業員休憩所の必要延べ面積の目安は、

$M = 3.3 \times P/3 \sim 5$

$M$：必要延べ面積の目安（m²）

$P$：1日の作業員休憩所を利用する最大作業員数（1日の最大就業作業員数から、休憩所を使用しない作業員数を差し引いた人数）

で求める。また、風雨を避けることが困難な状態の現場で作業するとび工、土工、型枠大工、鉄筋工、鉄骨工事関連作業員などは、最小限でもよいから、作業員休憩所が使用できるよう配慮する。

作業員休憩所には、細かく仕切って、協力会社ごとに小部屋を使用する小部屋形式と、大部屋のまま共同で使用する大部屋形式がある。小部屋形式の休憩には、部屋ごとのプライバシーが保て、道具などの保管がしやすいなどの利点がある。しかし、反面、有効に活用されない部分や清掃が行き届かない部分が生じやすく、スペースの有効活用や衛生管理の面の不利は否定できない。また、工事進捗にともなう作業員数の増減に対応しにくい欠点もある。

大部屋形式の休憩所は、全員が協力して整理整頓に努めることにより、ス

---

**■ポイント**

例：$P = 400$ 人とすると
$M = 3.3 \times 400/4$
　$= 330m^2 = 100$ 坪
　→ 5間 × 20間の広さとなる。

ペースが有効に活用され、衛生管理が容易になり、連帯感が生まれて、協力
会社間のコミュニケーションが保たれるなどの利点がある。また、雨天の際
の集会場所としても利用できる。反面、職種や企業単位のプライバシーが確
保できない欠点がある。一般的には大部屋形式とする場合が多い。

[警備員休憩所]

　警備員休憩所にはコンテナハウス形式のもので、広さは 0.5 ～ 1.5 坪（1.65
～ 4.95m²）程度のものが多用されている。小規模工事では、警備員休憩所
を設置せず、警備員のみを配置することもある。

　複数の出入口がある場合は、メインの出入口に休憩所を設け、ほかの出入
口は使用時に警備員を配置し、使用しないときは、門扉を閉ざして通行を禁
止するなどの管理を行うこともある。

● 平面計画

　工事事務所の平面計画では、作業所長を中心に日常業務を効率的に遂行で
きるように、出入口、執務や打合せスペースの配置や広さを検討する。

[室、備品]

　事務所内に設置する室および備品類は、

① 一般事務室：カウンター、事務机、回転椅子、図面棚、書庫、応接セッ
　ト、連絡黒（白）板、掲示板、コピー機、パソコン、プリンターなど

② 製図室：（製図台）、図面キャビネット、図面庫、見本棚、複写機（プロッ
　ター）、パソコン、プリンターなど

③ 会議室：会議テーブル、折畳み椅子、黒（白）板、掲示板、プロジェク
　ターなど

④ 休憩室：更衣ロッカー、会議用テーブル、折畳み椅子など

⑤ 湯沸室：流しセット、冷蔵庫、食器棚など

⑥ 便所：事務所外に設けることもある。女性専用トイレを設置することが望
　ましい

⑦ 雑品庫：事務用品、見本類、計測機器などを収納する

などである。

[執務スペース]

　執務スペースは、

　机：900mm × 600mm

　脇机：400mm × 600mm

などの事務机のサイズを基準にして検討する。作図は CAD によることがほ
とんどとなったが、図面を出図して確認するため、相応のスペースを考慮す
る。

[**主要各室の面積の目安**]

主な部屋の面積は、在室者 1 人当りについて、

監理者用事務室：4.5 〜 6.0m²

一般事務室：3.0 〜 4.0m²

製図室：4.5 〜 6.0m²

会議室：0.4 〜 0.6m²

を目安とする。

[**平面計画の留意点**]

工事事務所の平面計画の留意点は、

①事務所内部の壁面と窓は、出面黒（白）板、連絡黒（白）板、掲示板、工程表、施工計画図、業務分担表、緊急連絡先などの各種の掲示位置を考慮して、それらが効率よく使用できるように配置する

②会議室は、発注者、監理者、施工会社による定例会議、施工会社と協力会社との工事打合せ、各会議体や集会に使用できるよう、余裕のあるスペースを確保する

③監理事務所と隣接するときは、事務所間の動線について検討する

などである［図 1］［図 2］［図 3］。

● **便所**

場内の仮設便所の設置個数は、

①監理者用：現場説明、質疑応答、特記仕様などによるが、職員用と兼用とする場合が多い

②職員用は、

小便器：1 個 / 職員 15 人

大便器：1 個 / 職員 10 人

③作業員用は、

男子用大便器：1 個 / 同時就業男子作業員 30 人

男子用小便器：1 個 / 同時就業男子作業員 30 人

女子用便器：1 個 / 同時就業女子作業員 10 人

を目安とする。

● **電気設備**

事務室の照明は 500lx 程度が確保できるよう計画する。ほかにパソコン、プリンター、プロッター、コピー機、ファクシミリ、電気スタンド、エアコンなどの電気製品が使われるが、それらの使用に応じた電力の供給と、配置に応じたコンセントの設置について検討する。

電力の目安としては、事務室以外も含めて、事務所の床面積に応じて OA 化にともない 60VA/m² 程度は見込む。

■ポイント

作図は CAD による場合がほとんどであり、製図室を設けないことが多い。

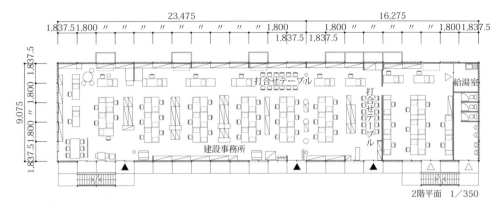

図1 大規模現場の事務所レイアウト例

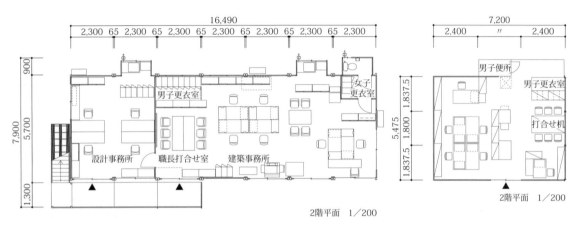

図2 中規模現場の事務所レイアウト例

図3 小規模現場の事務所レイアウト例

● **給排水設備**

事務所内に厨房、便所、洗面所などを設ける場合は、作業所の仮設給水本管から50A程度を分岐し、それぞれの必要に応じて、13A、20Aの塩化ビニル立上がり配管とする。厨房、手洗い雑排水は80A塩化ビニルパイプで一般排水に導く。水洗便所の汚水は、別途に100A排水管で直接放流の公共下水本管に接続する。下水本管がない地域では、敷地内に浄化槽を設けるか、建物外部に、独立した汲取り式の便所を設ける。

● **冷暖房設備**

業務効率を高めるため、冷暖房設備は本設に準じた効率のよい計画を立てる。なお、高効率の冷暖房とするためには、断熱性、気密性に優れた仮設建物を使用しなければならない。

● **その他の設備**

喫煙所：0.3m$^2$/人

ドレッシングルーム（女性用）：10〜20m$^2$（立地条件による）

シャワールーム：1ユニット/100〜300人（立地条件による）

仮設インフラ 61

# 2 現場工場

## 2.1 現場工場の目的と機能

●目的

現場工場は、敷地に余裕があり、必要な面積が確保できる場合に、主に、工場から現場までの運搬費の節減を目的として設置する。

現場工場の主なものには、

①型枠加工場：都市部では、主に、階数による部材変化にともなう加工が行われ、郊外では型枠の下拵えから行う場合もある

②鉄筋加工場：鉄筋を現場に搬入して加工を行う

③鉄骨地組場：鉄骨建方の施工効率の向上、揚重回数の削減を目的に、単材で搬入された鉄骨を現場でユニット化する。柱と梁部材のユニット化やスラブと小梁部材のユニット化などがある。また、運搬できないロングスパン梁の地組みを行う場合もある

④鉄筋先組場：鉄骨鉄筋コンクリート造の場合に、鉄骨の梁や柱の部材に先行して配筋する。また、生産性向上策として、柱筋や梁筋の先組みを行う場合もある［写真3］

⑤サイトPCa工場：通常は、PCa工場で製作される柱、梁、スラブ、バルコニーなどのPCa部材を製作する［写真4］

⑥左官捏ね場：乾式工法が仕上工事の主流になり、湿式工法が少なくなったため、比較的小規模にはなったが、ほとんどの作業所で必要とする

などがある。

写真3　柱筋の先組み

写真4　サイトPCa工場

■ポイント

先組み用の架台は、風圧力や地震力（一般的には、架台と先組み対象物重量の合計Wとすると0.2Wの水平力）に対して十分な安全性を確保する。

●機能

現場工場に求められる機能は、

①製作・加工に必要なスペース：鉄骨の地組みや鉄筋の先組みなどの作業用は、平置きで行えば、能率よく、安全に進めることができる。しかし、広い面積を必要とするので、スペースの確保がむずかしい場合は、縦置きで施工できるような設備配置が必要になる

②ストックヤードの適切な条件：ストックヤードが広く、施工に先立って材料や製品のストックが可能な場合は、天候が悪く、現場工場の稼働率が多少低くても、全体工程への影響は比較的少ないので、全天候型にしない場合が多い。しかし、寒冷期のPCa部材の製作には、蒸気養生を行うため、全天候型の工場が必要になる。春、夏、秋の温暖期には、一般的に、上屋

などは設けない。設置時期の関係で、左官小屋は建物本体内のセメント、砂などの車両搬入に便利な位置に設けるが、砂を搬入するダンプの荷卸し時に、荷台が当たらない階高が必要である

などである。

## 2.2 設置時期と設置期間

現場工場の設置時期は、それぞれの工種により異なるが、現場施工（取付け時期など）の半月～1カ月前となる。ただし、サイトPCa工場はベッド設置、蒸気養生設備設置などに時間を要するので、少なくとも2カ月程度前でなければならないが、早期設置が可能であれば、ベッド数も少なくコストダウンが図れる。

## 2.3 制約条件の確認

設計図書や現地および周辺の調査により、
①現場工場を設置できる敷地の余裕の有無
②ストックヤードを確保できる敷地の余裕の有無
を確認する。なお、現場工場の必要性については、各工事の施工計画で検討する。

## 2.4 計画上の留意点

### ●現場工場用の専用揚重機

現場工場では、材料や製品の移動、運搬のための専用揚重機が必要で、揚重機の能力（吊り荷重、作業半径）と移動の動線、材料や製品の移動、運搬経路などを考慮して、作業が効率的に進められるプランニングが重要である。

### ●製品運搬の動線計画

現場工場の配置は、製作部材を現場工場あるいはストックヤードから、直接荷取りして取付け位置に揚重できることが望ましい。しかしながら、工場からストックヤードや揚重ヤードまで、あるいはストックヤードから揚重ヤードまでの運搬経路を確保しなければならないことが多い。この場合、現場全体の主動線との錯綜を避ける検討が必要である。

■ポイント
サイトPCaのコストダウンのポイントは、
・蒸気養生設備の不要な温暖期の製作
・製作期間を長く確保し、ベッド数を低減

# 3 仮囲い、仮門

## 3.1 仮囲い、仮門の目的と機能

●目的

仮囲いと仮門は、
①入退場の位置を限定することによって、人、車両の入退場の管理を容易にする
②関係者以外の無断立入りの禁止、機密保持、盗難の防止など作業所の安全性を確保する
③騒音、塵埃、飛沫などの近隣への影響を抑制する

などの目的で設置するが、
①描画や彩色による新設建物や発注者、施工会社のイメージのPR
②クリアパネルの設置や工事予定の掲示、屋外デジタルサイネージ等による近隣住民とのコミュニケーションの確保
③道路コーナー部仮囲いなど、見通しのよいクリアパネルの使用による通行者の安全の確保

などの配慮も求められる。

●機能

仮囲いと仮門は、
①工事区域と周辺環境の隔離
②作業所の安全性確保
③周辺環境への影響の抑制

など、設置目的に応じた機能が求められるとともに、着工時から竣工近くまで設置されるので、相応の耐久性と堅牢さが求められる。また、仮囲いは一時的な撤去や復元が必要なこともあるので、組立や解体が容易でなければならないが、一時的であっても、入退場の動線が閉鎖されるような事態を招くことは好ましくない。そのため、仮門の配置は移設の必要性などが生じない位置を選定しなければならない［写真5］［写真6］。

## 3.2 設置時期と設置期間

仮囲い、仮門は本工事の着工に遅れないように、準備工事期間中に設置するが、設置期間はほぼ全工期に及ぶ。

写真5 さまざまな仮囲い

設置に当たっての届出は不要であるが、道路の一部を借用して設置する場合は、道路占用届が必要である。

## 3.3 制約条件の確認

設計図書、および敷地とその周辺の調査より、

①敷地境界の現況：敷地境界の位置、塀などの境界施設、工作物、電柱、標識、樹木、水路、地盤の高低差など、敷地境界線を挟んで一定幅の範囲の現況を、現況図、敷地測量図、現地調査などにより確認する。既設の境界施設を利用できる場合や、工事関係者以外が近づくおそれがない場合は、仮囲いが不要なこともある

②境界施設：工事完成時に設置される塀などの境界施設について確認する。仮囲いを設置する部分で行われる工事と時期によって、仮囲いの設置位置や仕様が変わる

③近隣の状況：近隣の状況によって、仮囲いに求められる機能が異なる

④使用可能区域：構内工事などでは、工事で使用できる範囲が指定されている場合がある。特記事項、質疑応答書、現場説明事項などを精読する

などを確認する［図4］。

写真6　仮門

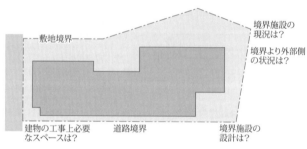

図4　設計図書の確認事項

## 3.4 計画上の留意点

### ●法規制

建築基準法施行令では、木造以外の建物で2以上の階数を有するものについて、高さ1.8m以上の仮囲いを設けるよう定められている。また、地方自治体により定められた条例や規則により、仮囲いの高さ、材料、構造などの仕様について、特別の条件が適用される場合もある。

仮囲いを設置するために道路を占用する場合は、道路管理者に図面、構造計算書を添えて申請しなければならない。管理者によって規定が異なるので、

●建築基準法施行令第136条の2の20

占用幅、設置期間、仮囲いの構造などについての事前協議が必要である。

● **仮囲いの高さ**

仮囲いの高さの規定を3.0m以上としている地方自治体もある。設計図書の特記仕様でも3.0mとする場合が多いが、外部からの視線を遮るのに、あるいは不法な侵入を防ぐのに十分な高さであり、構造的には安定しうる限界高さと考えられる。しかし、騒音対策として3.0mを大きく超える仮囲いを要求される場合もあり、その場合には、H形鋼を地盤に打ち込んで仮囲いを支える等の特別な対応が必要になる。

工事による危険がない場合や海岸近くなどの強風を受ける地域では、仮囲いの高さを人の目の高さを超える1.8m程度にする場合もある。また、単に区画機能のみが求められる場合には、フェンスバリケードやA型バリケードを使用する程度の高さでもよい［表1］。

仮囲いが高くなれば受圧面積が増え、風圧力も大きくなる。仮囲いの高さの増加に対し、風圧力は2次曲線的に増加するので、より高い強度の支持機構が必要になる。

■ **ポイント**

杭工事や山留め壁施工時には泥やソイルの飛散防止用に、仮囲い上部に2m程度のシートやメッシュシート養生をする。

しかし、春一番等の突風時には撤去がむずかしいので、十分な強度検討のうえ補強するか、施工の進捗に合わせてそのつどシート養生を撤去するなどの配慮が必要である。

| 記号 | 種別 | 形状 | 特徴 |
|---|---|---|---|
| 1 | 万能鋼板 | | リブの山のピッチが細かく、曲げ剛性が大きいのでたわみが小さく傷みにくい。凹凸が大きく描画等がしにくい。 |
| 2 | 安全鋼板 | | リブの山のピッチが大きく、曲げ剛性が小さい。たわみやすく傷みやすいので厚い板を使う。フラット面が広く描画しやすい。また、防音用のマグネットシートを後付けすれば、さらに遮音性能が向上する。 |
| 3 | キーストンプレート | | リブの山のピッチが細かいが、成は小さく曲げ剛性は1と2の中間。凹凸が大きく描画等がしにくい。 |
| 4 | フラットパネル | | 曲げ剛性は小さいが、表面が平滑で美しい。全般的にフラット面を構成でき描画しやすい。 |
| 5 | 亜鉛めっき波板鋼板 | | リブの山のピッチが細かく板厚が薄いため曲げ剛性は極めて小さく傷みやすい。転用は不可能であり軽微な仮囲いに使用する。 |
| 6 | フェンスバリケード | | パネル衝立式の軽便な囲い。高さは1.8mで全鋼板製のものと上半分メッシュのものがある。下部にウエートをおいて自立させる。組立解体の能率がよい。 |
| 7 | A型バリケード | | 折畳み式でせいが低く、簡単な区画に使う据置き型の部品。移動可能。 |
| 8 | コーンパイプ | | 移動据置き式のコーンを置き、横架材を架けた簡便区画用。移動可能。 |

表1　仮囲いの種類

● 仮囲いの位置

　工事の施工性を優先するなら、工事に使用できる範囲をできるだけ広く確保することが望ましく、通常は、仮囲いを敷地境界いっぱいに設置する。外部足場などを設置する余裕がなければ、道路や隣地の借用をそれぞれの管理者と折衝するが、借用幅は1m程度とするのが一般的である。基礎杭、山留め壁、外構など境界に接近して行う工事の施工性を確保することを条件に、限界寸法を検討する［図5］。

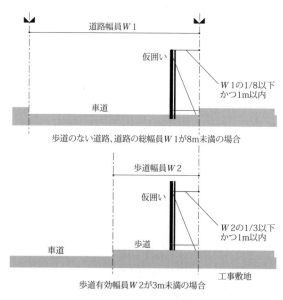

| 歩車道の区別のない場合 | 道路幅員の1/8以下かつ1m以内 |
|---|---|
| 歩車道の区別のある場合 | 歩道幅員の1/3以下かつ1m以内 |

ガードレールなどにより歩車道が区別されている場合もこの規定に準じる。
高さ・構造については規定はない。

図5　東京都の仮囲いに関する規定

　学校、病院、工場などの構内工事の仮囲い位置は、発注者側の使用範囲、通行動線、駐車場、埋設ライフラインなどを考慮し、管理者と協議して決定するが、できるだけ広い範囲を確保するよう折衝する。

● 仮囲いの使い分け

　仮囲いは、着工初期より本格的な仮囲いを設けることが望ましい。しかし、仮囲い位置と基礎杭や山留め壁が近接する場合には、基礎杭や山留め壁の施工時は簡易な仮囲いとし、その後に本格的な仮囲いを設け、竣工間近の外構工事では仮囲いを撤去し、再び簡易な仮囲いで工事を行うなど、状況に応じて、適切な仮囲いを使い分ける方法も考えられる。

● 仮囲いの安全性

　仮囲いは立地条件に見合った風圧力、衝撃、飛来や落下に対する安全性を確保する。

## [風圧力に対する安全性]

風圧力を低減するには、低くしたり、空気の通りをよくしたりするなどが考えられるが、いずれも本来の機能を損ねる方法であり、限界がある。

風圧計算、部材応力算定などにより、使用する部材の断面性能、骨組架構（下地）の強度、下地の地盤などへの固定方法、地盤反力などについて検討し、安全性を確保する。

## [衝撃に対する安全性]

使用材料や骨組架構の剛性に余裕をもたせ、重機の接触程度では、部分的な破壊は生じても、全体の破壊や倒壊などの事故が生じないよう配慮する。

## [飛来落下に対する安全性]

仮囲いと足場、防護構台、仮門などとの取合いには、飛来落下に対する安全性への配慮が必要である。防護構台と仮囲いの隙間は金網やメッシュシートなどで塞ぎ、飛来落下による事故を防止する。

仮囲いの下部の隙間は、飛散や工事用に使用した洗浄水等の流出を防止するため、背面に幅木を取り付けたり、土台コンクリートを打設したりして塞ぐ。道路に傾斜がある場合は、土台コンクリートを階段状に打設して、隙間が生じないようにする。

## ●仮囲いの遮音性

工事中に発生する騒音については、騒音防止法の規制値（敷地境界で85dB）を守ることを目標に対策を検討するが、住宅地などでは45dBを目標とすることが望ましい。

一般的な仮囲い（t = 1.2mm）の遮音効果は、0.5 〜 1kHz の領域でせいぜい15 〜 20dB 程度が限界であるが、防音タイプや仮囲いに防音用のマグネットシートなどを取り付けると25 〜 30dB 程度と2ランク（10dB）弱の遮音性能が向上するタイプもある［図6］。しかし、さらに近隣対策の要求レベルが高い場合には、音源での対策や工法の変更によらなければ、目標の達成がむずかしい。

また、塀の防音効果は仮囲いの材料そのものの遮音透過損失によるもの以外に、衝立障壁効果の検討方法で求めることも必要であるが、振動数により効果は異なるので、建設機械の種類や工事騒音のデータに基づいて遮音効果を検討する［図7］。

## ●彩色

仮囲いには、塗装により色彩が施されている。建設会社によっては、色彩やデザインが決められていることも多いが、最近は、発注者や建設会社のイメージアップやPR のために、建物の完成図や建設会社のブランドメッセージなどが描かれた仮囲いも増えている。

---

**■ポイント**
衝立障壁効果を期待し、仮囲いを極端に高くしても、材料そのものの遮音透過損失を上回れば意味はないのでバランスよい高さとする。

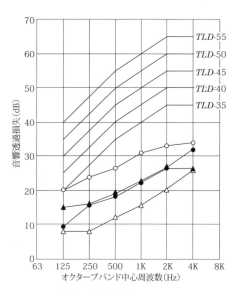
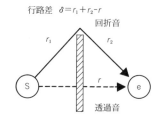
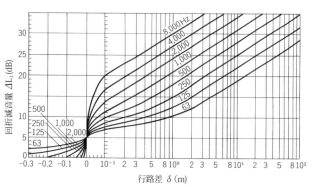

図6　仮囲いなどの遮音性能例　　　　図7　障壁の遮音効果

　近隣の小中学生が仮囲いに絵を描く催しを行ったり、画家の描いた画を掲示して、地域とのコミュニケーションを図り、子どもたちに工事現場に親しみをもってもらったりと、工事現場の印象をやわらげた例も多くなっている。
　しかしながら、派手な色彩や図柄、PRを意図した表示などが、条例などで禁じられている地域もあるので、注意しなければならない。

● 通行者や近隣への配慮

　高い仮囲いで囲まれた作業所は、周囲からは閉鎖的な領域と思われがちであるが、長く続く仮囲いにニッチ（壁の一部をへこませた部分）やクリアパネルとして飾り棚を設けて季節の花々を生けたりすることは、閉鎖的な印象を緩和する効果がある。また、週間の作業予定を白板やデジタルサイネージで掲示したり、クリアパネルやメッシュパネルを設けて、工事の状況を外から見られるようにすれば、近隣が作業所に親近感を抱く助けにもなる。
　また、歩行者や運転者の視覚を遮る出隅部分の仮囲いには、透明なアクリルパネルなどを使用すれば、出合い頭の衝突などの防止に役立つ。

● 仮門

　仮門には、シャッターゲート、シートゲート、じゃばらゲートなどがあるが、有効高さ、有効幅、用途、開閉頻度などを考慮のうえ選定して設置する［写真7］。
　仮門の計画の主な留意事項は
①設置位置：仮設道路、乗入れ構台、道路や歩道上の施設や工作物の位置、交差点やバス停からの距離などを勘案し、総合的な検討により決定する

写真7　仮門の種類

仮設インフラ　69

②有効高さ：車両や重機が入退場できる高さを確保する

③有効幅：前面道路の幅員によって、車両の進入角度が変わるので、車両の入退場時の軌跡図を描いて検討する

④入退場時の管理：車両の入退場時は、第三者災害を防止するために、警備員を配置して誘導する。警備員を配置しない期間は、閉鎖して施錠する。車両の入退場を知らせるブザーや回転灯、カーブミラーを仮門近くに設置する［写真8］［写真9］

などである。

写真8　カーブミラー

写真9　回転灯

# 4 仮設道路、洗車場、駐車場

## 4.1 仮設道路、洗車場、駐車場の目的と機能

●目的

［仮設道路］

　資機材の運搬車両、残土搬出車両、生コン車（コンクリートミキサー車）、工事用重機などの走行や待機、工事関係者や来客の歩行のために、仮設道路を設置する。

［洗車場］

　退場する残土搬出車などの車輪や車体に付着した泥などを除去するために、出入口近くに洗車場を設置する。

［駐車場］

　敷地に余裕がある場合には、監理者、職員、作業員、来客のための駐車場を設置する。

●機能

［仮設道路］

　仮設道路は、工事が効率よく進められるように配置し、重機や車両の走行に十分に耐えられる仕様としなければならない。

　敷地の地盤が軟弱な場合は、浅層地盤改良、砕石敷きあるいは鉄板敷きなどが必要である［写真10］。

写真10　仮設道路例

［洗車場］

　杭地業工事、土工事が行われている期間は、車両に付着した泥などが走行中に落下して、周辺道路が汚れるおそれがある。洗車場を設けて、車輪などの泥を落とすが、人力による車体洗浄では不十分なので、敷地に余裕がある場合は、プール式や車輪の回転を利用したダンプカー用泥落とし装置（スパッツなど）の採用について検討する［写真11］。

［駐車場］

　駐車台数に応じて必要なスペースが確保できることが望ましい。敷地に余裕がないときは、近隣の有料駐車の利用を検討するが、二酸化炭素の排出量削減の観点からも、相乗りするなど、最小限の利用にとどめるよう工夫する。

写真11　ダンプカー用泥落とし（上、提供：井上鋼材）と泥落としの工夫（下）

## 4.2 設置時期と設置期間

[仮設道路]

　着工当初より、全工事期間設置するが、複数の工事で共用できるように計画し、工種により変更を必要とするときも、共用部分が多くなるよう動線計画を検討し、範囲の拡大を極力抑える。

[洗車場]

　主に使用するのは、杭地業工事と土工事の期間だけである。

[駐車場]

　着工当初より、全期間を通して必要であるが、工事の進捗に応じて、移設や増減を検討する。

## 4.3 制約条件の確認

　設計図書、および敷地とその周辺の調査より、

①場外仮設道路の必要性：作業所の位置が一般道路から離れているときは、一般道路と作業所を結ぶ寄付き道路が必要であるが、私有の既存道路があれば協議のうえ、必要な道路幅に拡幅するなどして使用する。既存道路がなければ、表層改良（地盤改良、砕石敷き、鉄板敷きなど）を行い、寄付き道路を新設する。工事形態により、ほかの建物の工事などと共用するときは、関係者間で打ち合わせて仕様を決定する

②敷地の余裕の有無：敷地に余裕があれば、場内の仮設道路が必要であるが、複数の工事で共用できる動線計画を立て、移設や盛替えは原則避ける。行止りや片側通行の道路も利便性が悪く、工程への悪影響のおそれもあるので好ましくはない。杭地業工事や土工事などの新設する建物の範囲内に設けられる仮設道路は、工事ごとに新設し、撤去されるので、設置や撤去が容易であることが望ましい。また、地下工事期間中に設けられる乗入れ構台や逆打ち工法の１階床開口部の計画にも、仮設道路を含めた動線計画の検討が重要である

などを確認する。

## 4.4 計画上の留意点

●基本事項

　仮設道路計画の基本的な留意事項は、

①適切な仕様の設定：仮設道路の仕様は使用期間と使用頻度により設定する。工費を節減するためには、新たな材料の投入を抑え、現地盤をそのまま利用して、捏返しによる強度低下を防ぐことが効果がある。しかし、仕様の設定で工費を節約し過ぎると、かえって、手直しや維持管理に多大な出費が必要になることがある。仮設道路の仕様が不十分で、大掛かりな補修や改良が必要になれば、本体工事をその期間中断せざるを得ない場合もあるので注意しなければならない

②本設道路の活用：本設道路を先行施工して、仮設道路として利用すれば、工費を節減することができる。本設道路を路盤まで施工して使用し、表層仕上げは工事完了後に行う

③メインとサブの区分：複数の仮設道路を設置する場合は、使用頻度により、メインとサブを区分し、メイン道路は両側通行とし、行止りにならないように計画する

④動線の変化への対応：杭地業工事や土工事のように、動線が頻繁に変化する場合は、鉄板敷きなどを採用し、工事進捗に合わせた盛替えにて対応する

などである。

### ●表土処理

表土処理の留意点は、

①現場表土（地表面下5m程度）の土質性状により、仮設道路の計画が大幅に変わるので、土質柱状図の確認、試験掘削、簡易試験機による物性試験、土質サンプルによる室内試験などにより、表土の土質性状を正確に把握しなければならない

②理論強度と現位置強度には違いがあるので、大規模な仮設道路の計画では、準備工事の段階での試験走行、アウトリガー載荷などによる事前確認を実施することが望ましい

③表層土が粘性土の場合は、転圧では十分な表層の改良効果が期待できず、降雨や局部集中荷重（輪荷重、アウトリガー荷重）により崩壊し、使用不能になることもある。特に軟弱な地盤では、土質の性状を正確に把握し、地盤改良深度と所要強度を検討する。地盤改良を実施する場合は、各種の混合率による一軸圧縮強度の発現状況をデータによる推定と現位置土採取による室内試験で確認し、仕様を決定する。また、六価クロム溶出試験を実施し、土壌環境基準値を超える場合は改良剤を変更する

などである。

### ●走行車両別の仕様

仮設道路は多種の車両が走行するが、機能、経済性、安全性などを考慮し

て、最小公倍数的な適性をもつ仕様とする。検討に当たっての留意点は、

①走行車両を重量別に分類し、それぞれに応じた仕様を検討し、総合的な判断により決定する

②作用荷重は、輪荷重やアウトリガー荷重と履帯（クローラ）荷重について検討する

③車輪荷重の接地圧は 400 ～ 1,000kN/m² 程度、履帯荷重の接地圧は 400 ～ 800kN/m² 程度である。アウトリガー荷重は吊荷の方向で大きく変わる

④輪荷重は集中荷重であるため、鉄板敷きなどによる荷重分散措置が必要である。履帯荷重についても接地圧が大きいため、N 値に高い地山などを除き、ほとんど鉄板敷きを行っている。また、アウトリガー荷重も大きな荷重のため、敷板と敷鉄板を併用して荷重分散措置が必要になる

などである。

### ●横断物の処置

仮設道路を横断する仮設の給排水管や電気配線は、二重管による配管や配管内通線などにより、道路荷重に耐えられるとともに、維持管理や移設が容易になるよう配慮する。

### ●搬入経路の確認

鉄骨や PCa 部材などの長尺物、重量物を搬入するときは、道路交通法による制限、道路幅員、道路勾配、カーブ走行の可否、重量制限を受ける橋梁、ガード下の高さ制限、車両幅の制限などについて調査し、搬入の可能性を確認するが、仮設道路についても同様の確認に基づいた仕様の決定が必要である。

### ●断面計画

仮設道路の断面計画では、

①仮設道路の両側に側溝を設ける

②仮設道路の中央より両端に向けて、2 ～ 3％程度の勾配を設ける

③軟弱地盤の場合は、砕石層と軟弱地盤層との間に、遮断層、雨水透水層としての厚さ 10 ～ 20cm 程度の砂層を設ける

などの配慮が必要である。

# 5 安全広場

## 5.1 安全広場の目的と機能

### ●目的

　安全広場は、朝礼、安全大会など安全のための集会に使用するために設置する。また、安全関連事項その他の掲示を行い、安全関連事項の周知徹底、安全に関する意識の高揚を図る。

### ●機能

　安全広場は、参加が想定される作業員のラジオ体操ができる広さを確保し、安全掲示板を設置する。

　安全掲示板の掲示物には、

①安全スローガン

②安全重点管理項目

③月間安全重点目標

④無災害記録表（目標時間と経過時間）

⑤週間安全当番

⑥安全施工サイクル（朝礼、ツールボックスミーティング、新規入場者教育、安全作業、休憩、昼休み、工事打合せ、清掃片付け、作業終了）

⑦作業主任者一覧表

⑧当日の危険作業および立入禁止区域、安全通路（図示）

⑨有資格者一覧表

⑩建設用クレーンの標準合図表

⑪玉掛十則、玉掛けワイヤ使用規定、玉掛けワイヤ点検色

⑫その他（ISO 関連看板など）

などがある。

## 5.2 設置時期と設置期間

　朝礼や安全関連の集会は工事期間を通して行われるので、可能性であれば、安全広場は着工当初より全期間を通して同一場所に設置するのが望ましい。

仮設インフラ　75

## 5.3 制約条件の確認

設計図書の確認および現地調査により、安全広場を設置する敷地の余裕の有無を確認する。敷地に余裕がない場合は、躯体工事の進捗に合わせて、安全広場として使用できる建物内のスペースについて検討する。

## 5.4 計画上の留意点

● 安全広場

敷地に余裕がない場合は、地下工事期間中は乗入れ構台上を、地下工事終了後は建物内の躯体工事が完了した部分を、安全広場に使用するなどの工夫が必要である。

● 安全掲示板

安全広場に設置する掲示板は、強風などで転倒するようなことがないように、枠組足場や単管などを使用して、堅固な下地を組み立てる。

屋外に設置するときは、長期間風雨にさらされるので、焼付塗装を施したスチールパネルを使用するなど、耐久性にも配慮する。また、移動や移設を必要とするときは、キャスター付きにしたり、下地、パネルおよび掲示物をユニット化して、移動や移設を容易にする工夫が必要である［図8］［写真12］。

写真12 安全掲示板の例（ISO関連）

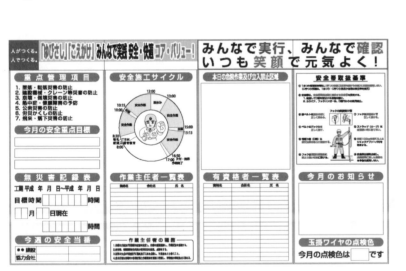

図8 安全掲示板のレイアウト例（提供：プラウト）

# 6 全天候型工事用仮設物

## 6.1 全天候型工事用仮設物の目的と機能

### ●目的

　夏季の直射日光や冬季の寒気を遮断し、強風、降雨、降雪などの影響を避けるために設ける仮設の上屋などが全天候型工事用仮設物の一つであり、良好な作業環境を確保するために設置する。気象による作業への影響を避けることにより、工程の安定とともに施工品質の向上が期待できる。

　加工作業や保管材料が天候の影響を受けないように、型枠や鉄筋の加工場に設ける仮設屋根も小規模な全天候型工事用仮設物である。その発想の延長上で、大規模で工期の長い工事や気象条件の厳しい地域の工事での大規模な全天候型工事用仮設物の採用が試みられ、市街地の事務所ビルなどでも採用された例はある。また、新築工事以外でも、大規模改修工事や清掃工場のプラント交換工事などで採用されることもある［写真13］。

■ポイント
全天候型工事用仮設物が建設会社各社でシステム的に開発された時期があったが、あまり展開されなかった。しかし、最近は生産性向上が要求され、各建設会社で再度システム的な開発が行われている。

写真13　全天候屋根の例（左：架設中、右：型枠施工中）

### ●機能

　全天候型工事用仮設物に求められる基本的な機能は、気象条件に左右されない良好な作業環境が確保できることであり、仮設構造物として必要な強度や耐力を備えていることである。

　敷地や建物の規模や形状、建物の構造形式などに応じて、全天候型工事用仮設物の構造形式や架構形式もさまざまである。屋根と壁を備えた遮蔽性の高いものもあり、屋根だけの比較的遮蔽性の低いものもある。屋根の機構も固定式と可動式とがあり、可動式には開閉する方式、水平移動する方式、工事の進捗とともにクライミングする方式などがある［写真14］［写真15］［写真16］［写真17］。

仮設インフラ　77

写真14　屋根方式：事例1（提供：日本仮設）　写真15　屋根方式：事例2（提供：日本仮設）　写真16　屋根方式：事例3　写真17　屋根方式：事例4

## 6.2 設置時期と設置期間

主に、気象条件による影響を受けやすい躯体工事期間中に設置される。

## 6.3 制約条件の確認

全天候型工事用仮設物の採用に当たっては、設計図書、およびその周辺の調査より、
①本体建物の構造形式（鉄骨造、鉄骨鉄筋コンクリート造、鉄筋コンクリート造など）
②立地場所の粗度区分や近接構造物の影響により決まる風速
③本体建物の仮設屋根支持部の耐力
④上屋を架設する範囲
⑤上屋からの搬入が必要な資機材
などについて確認し、どのような形式、仕様のものが採用できるか検討する。

## 6.4 計画上の留意点

全天候型工事用仮設物の計画上の主な留意点は、
①仮設工事費増による直接的な経済的デメリットを生じるが、生産性向上、工程の安定、施工品質の向上、それらにより得られる間接的な経済的メリットを勘案するなど、総合的な判断により採否を決定する
②組立、解体が容易な構造とするなど、総合的な経済性に配慮する
③強風、積雪、地震に対する耐力を確認する。なお、強風や積雪については

地域性と立地条件を考慮する

④可能な限り軽量化するなど、本体構造への負担荷重が大きくなり、構造変更がともなわないようにする。また、構造変更が生じても、軽微な変更にとどまる程度にすることが望ましい

⑤重機の稼働、資機材の揚重や搬出入に支障がないことを確認する

⑥防火性能を確保し、空気汚染（粉塵、溶接ヒュームなど）に対する十分な換気機能を備えるなど、作業環境の確保について配慮する

⑦日光を遮蔽することによって、必要な照度が不足しないよう対象とする作業に必要な照明設備を備えるか、採光設備を設置する

などである。

# 7 乗入れ構台

## 7.1 乗入れ構台の目的と機能

### ●目的

　乗入れ構台は、地下工事期間中、掘削によって減少する地表面の作業スペースを補填するために設ける［図9］［写真18］。

　乗入れ構台を使用する作業、および乗り入れる重機、車両の主なものは、
①掘削：掘削機、残土搬出車両
②山留め支保工の組立、解体：移動式クレーン、山留め支保工材運搬車
③鉄筋の搬入：移動式クレーンまたは簡易クレーン、鉄筋材料運搬車
④型枠材の搬出入：移動式クレーンまたは簡易クレーン、型枠材料運搬車
⑤コンクリート打設：ポンプ車、アジテータ車（コンクリートミキサー車）
⑥鉄骨建方：移動式クレーン、鉄骨運搬車
⑦仮設材の搬出入：移動式クレーン、仮設材運搬車
などである。

写真18　乗入れ構台の例

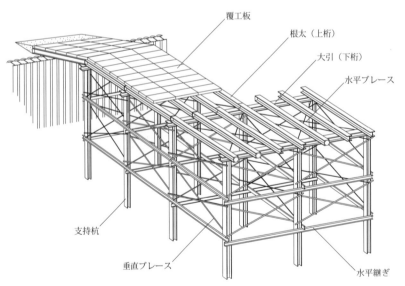

※注）根太　大引　支持杭の取合は現場合せガス穴あけボルト締めとする
図9　乗入れ構台の構成と部材（提供：ヒロセ）

### ●機能

　乗入れ構台に求められる機能は、
①乗り入れる重機の作業スペース、および重機や車両の動線を確保できる
②乗り入れる重機や車両による荷重に耐えられる

などである。

## 7.2 設置時期と設置期間

　乗入れ構台は1次掘削終了後に組み立て、1階床の施工完了後に解体することが多いが、構台支柱は山留め壁や切梁支柱と同時期に先行施工するので、乗入れ構台の計画は早期に着手する必要がある。

　また、乗入れ構台は、掘削や残土の搬出、山留め支保工の組立や解体、鉄筋や型枠材の搬出入、コンクリート打設、地下の鉄骨建方などに使用する。そのため、各作業の能率の向上と、地下工事期間中の総合仮設計画との関連性を考慮して、規模、配置、構造などについて検討しなければならない。

## 7.3 工事内容の把握と制約条件の確認

　設計図書および現地調査により、

①敷地の余裕の有無：敷地に余裕があり、重機や車両の掘削部への寄付きが可能であれば、車両乗入れ構台の必要性は少なくなる

②掘削規模：地下階の範囲や基礎底面の深さなどから掘削規模を確認する。車両乗入れ構台の必要性は掘削規模が小さいほど少なくなり、掘削規模が大きいほど多くなる。また、掘削範囲が部分的であれば、敷地に余裕がある場合と同じような条件になる

③掘削地盤の良否：掘削部の地盤が良好で、掘削底面に残土集積用の掘削機を配置することができれば、乗入れ構台の規模は縮小することができる

④地下階の鉄骨の有無、鉄骨部材重量：移動式クレーンによる鉄骨建方作業では、大型クレーンを使用すれば、離れた位置からの建方が可能で、構台面積を少なくすることができる。小型クレーンを使用すれば、近い位置で建方作業をしなければならず、多くの構台面積が必要になる。しかし、大型クレーンの使用では乗入れ構台の上桁（根太）や下桁（大引）がサイズアップとなり、構台の床レベルが高くなり、構台スロープが長くなるなどのデメリットもある。地下階の鉄骨は1階床上で節割りされ、地上階の鉄骨と分けられていることが多いが、地下階から地上階（2階床面以上）まで続く節割りがなされていると、地上階の鉄骨が乗入れ構台上で行われる地下階の鉄骨建方作業の支障になるおそれがある。検討の結果必要であれば、設計者と節割り変更について協議する

などについて確認する。

仮設インフラ　81

## 7.4 計画上の留意点

### ●基本事項

乗入れ構台の面積は掘削面積の 20 〜 30％程度が目安とされているが、敷地に余裕のない市街地での大型工事では、掘削面積に対する比率が増える傾向にある。

乗入れ構台に要する費用には、掘削、深さ、平面積、設置期間が大きく影響し、平面積（m²）当り数万円に達するので、少ない面積で効果的に配置しなければならない。また、乗入れ構台の存在が地下で行われる各作業、特に工業化によるスラブなどの PCa 化部材取付け等の支障になるので、規模の縮小とともに設置期間の短縮についての配慮も必要である。

### ［設置期間］

掘削面積が広く、法切りオープンカット工法や地盤アンカー工法を採用する場合で、スロープを設けて、掘削機械や残土搬出車両を根切り底に乗り入れて掘削を進めることが可能な場合には、掘削工事期間中は乗入れ構台を必要としない。掘削終了後に乗入れ構台を設置する場合は、基礎躯体構造（耐圧板や地中梁など）の一部を先行施工して、置き構台形式にすれば、支柱を埋設する必要もなく、掘削工事中の障害もなく、かつ経済的なメリットもある。

### ［規模］

敷地に余裕がある場合は、掘削部周辺のスペースを有効に利用すれば、乗入れ構台の規模を縮小できる。

山留め壁に接近して重機作業を行う場合は、鉄板敷き、受け桁の配置や表層地盤改良などにより、接地荷重の分散を図る。さらに、積載荷重による側圧の増加を考慮して、山留め壁や山留め支保工の剛性を高める配慮も必要である。鉄骨建方で大型のトラッククレーンが使われる場合は、作業位置を限定して、アウトリガー受けの桁材を支持する仮設の支持杭を設置すれば、接地荷重は下方の地盤に伝わり、山留め壁や山留め支保工の荷重負担増を避けることができる。

乗入れ構台上での掘削は、掘削底面に配した油圧ショベル（バックホー）などで掘削した残土を、構台上に配したクラムシェル（ケーブル式、油圧式、テレスコピック式）の稼働範囲内に集積して搬出するが、掘削部地盤が良好で残土の集積が容易であれば、乗入れ構台の面積を少なくすることができる。

鉄骨建方では、大型のクレーンを使用すれば、乗入れ構台の面積を少なくすることができるが、反力が大きくなるので、クレーンからの荷重に耐えら

■ポイント
面積比率 20 〜 30％程度は、あくまでも目安にすぎない。周辺条件などにともなう制約条件、重機や車両配置、施工効率など全体的なバランスで決める。

■ポイント
地下がなく基礎工事のみで掘削深度が浅い場合、掘削底より 45 度の外側に重機作業スペースを確保できる場合は、手摺等で区画することにより、特別の分散対策などは不要である。

れる構造としなければならない。耐力や支持力確保のために、部材断面のサイズアップ、支柱の根入れ長さの延長が必要になる。

地上階の鉄骨建方を定置式クレーンで行うときは、クレーンの設置時期を早めて、地下階の鉄骨建方にも使用すれば、鉄骨建方のために乗入れ構台の面積を広げる必要はなくなる。

[平面配置]

山留め支保工に水平切梁工法が採用される場合は、乗入れ構台と水平切梁の配置によって、資機材の搬出入に使用する切梁開口部が狭くならないように配慮する。乗入れ構台の位置は出入口や仮設道路の配置などによる制約を受けるので、切梁の配置により乗入れ構台の位置を決めるよりも、乗入れ構台の位置と切梁の配置を同時に検討するのがより実践的といえる。

地下階に鉄骨がある場合は、乗入れ構台の位置が本体建物の鉄骨柱位置と重ならないことが望ましいが、やむを得ず重なる場合は、乗入れ構台の一部を解体して鉄骨柱を納める。覆工板と上桁（根太）までの撤去は可能であるが、下桁（大引）の撤去は広範囲の上桁や覆工板の撤去にまで波及して、大規模な解体になるので、少なくとも鉄骨柱と下桁の重なりは避けなければならない［図10］。

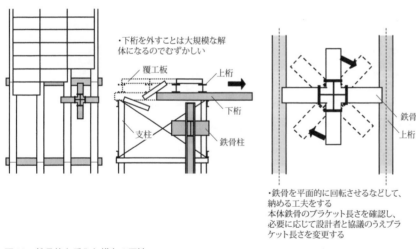

図10　鉄骨柱と乗入れ構台の干渉

[幅員]

乗入れ構台の幅員は、クラムシェルによるダンプトラックへの残土の積込みやポンプ車へのアジテータ車の2台づけなど、乗入れ構台上で行われる作業、重機や車両の配置や動線などを考慮して設定する。

覆工板の標準寸法は 1m×2m、1m×3m なので、乗入れ構台の幅員は、覆工板の長さの組合せで、2m以上1m刻みで設定することができる。一般的に、中小規模の工事では、幅員を6〜8mとすることが多い。しかし、

■ポイント
作業員の安全道路確保や重機との接触事故防止のための幅員を確保する。

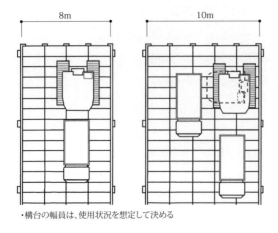
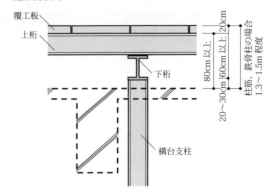

図11　乗入れ構台の幅員　　　　図12　乗入れ構台の高さ

平面積が広く、工区割りが多い場合には、工区ごとの作業が異なり、残土積込み作業やコンクリート打設作業の隣を、他工区の工事車両が通行することもある。そのため、平面積が広い場合や、待機車両スペースを確保しなければならない場合には、10〜12m以上の幅員を必要とする場合がある［図11］。

［高さ］

　乗入れ構台の下桁は、下端を1階床上端から20〜30cm程度浮かせて配置すれば、覆工板下に上桁、下桁の高さを含めて80cm程度以上の空間が確保できるので、構台下の配筋、型枠組立、コンクリートの打設、均し、押えなどの作業も可能になる［図12］。

　また、柱筋や鉄骨柱の上端は1階床面から1m程度立ち上がるので、下桁や上桁は躯体柱の位置を避けて配置し、覆工板下端が柱筋や鉄骨柱の上端よりやや高くなるよう乗入れ構台の高さを設定すれば、柱筋や鉄骨柱と乗入れ構台との干渉を避けることができる。この場合、覆工板上端の位置は1.3〜1.5m程度になるが、高くなるほど乗入れ部の勾配を確保するために、構台スロープが長くなり、平坦な作業ヤードが狭くなるというデメリットも生じてくる。

●部材配置

［覆工板］

　支柱の施工誤差を吸収しやすいように、下桁を梁間方向に架設することが多いので、上桁は桁行方向に架設し、覆工板は車両の進行方向に対して横向きに並べることが多い。

　曲がり角など構台の方向が変わるところでは、覆工板の配列を変える場合と変えない場合があるが、変えない場合は、上桁、下桁の架設方向の梁間、桁行が逆転するので、支柱の桁行方向の精度管理に厳しさが求められること

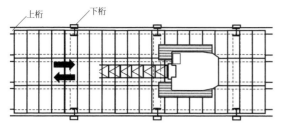
・通常は、覆工板の長手方向が車両などの進行方向と直交するように配置する

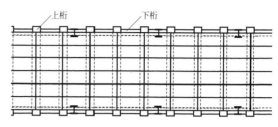
・上桁を梁間方向に架設する場合は、支柱の心が下桁心から大きくはずれないように管理する

図13　覆工板の配列

になる［図13］。

［上桁］

　上桁は覆工板を支持するので、覆工板の長さの間隔で設置するが、トラッククレーンのアウトリガー位置のように大きな集中荷重が作用する場合には、剛性の高い桁材に変更するか、設置間隔を小さくする。

　桁材をサイズアップすると構台床面が高くなり、乗入れ部の勾配に影響するので注意しなければならない。また、構台全体の上桁間隔を小さくすると大幅な工費増となるので、作業位置を限定して補強するか、転用可能な桁材等によりアウトリガーの集中荷重を分散させる治具を用意すれば、工費増を抑えることができる。

　上桁の配置は覆工板の配列と密接な関連があり、覆工板の配列が変わる場合は、一方の桁材のフランジをカットして、ウェブを他方の桁材の上下フランジ間に挿入して溶接するなど、桁材の設置方向が変わる部分の接合方法に工夫が必要である。なお、配列を変更する部分で支柱を増設する場合は、支持力の低下を防止するため、オーガー径の2.5倍以上の間隔を確保する［図14］。

■ポイント
作業位置を限定した補強を行う場合、覆工板上に対物表示するなど、使用条件の相違による事故防止に努めなければならない。

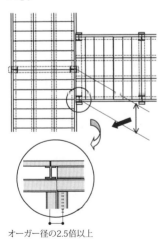
・支柱根入れ部の支持力が低下しないように、相応の間隔を確保する
オーガー径の2.5倍以上

・ブラケットを設けて、他方の下桁を支持する
十分な耐力を確保する

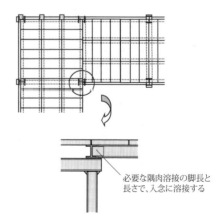
・一方の桁材のフランジを切除し、ウェブを他方の桁材の上下のフランジの間に挿入し、溶接する
必要な隅肉溶接の脚長と長さで、入念に溶接する

図14　覆工板の方向が変わるときの桁材の納まり

仮設インフラ　85

[下桁]

　支柱の施工精度を考慮すれば、下桁は梁間方向が架設しやすい。桁行方向に架設する場合は、支柱の通りの精度やジョイント方法に支障がないことを確認する。支柱の通りの精度が悪ければ、リブプレートやブラケットが必要になる。

　梁間方向に架設する場合でも、3本（列）以上の支柱で支持するときは、大きな荷重が加わる下桁材の両端で、支柱心と桁心を合わせ、中央部の支柱の心とずれが生じる場合は、必要に応じて、ブラケットなどを設けて補強支持する。

　下桁の支柱からの跳出し寸法が大きくなるときは、方杖を設けて補強する。跳出し部分に荷重が加わると、反対側の支点では下桁が浮き上がるので、浮上がりを防ぐ接合方法を採用しなければならないが、方杖の設置は浮上がりの抑制にも効果がある。

　現場溶接による下桁と支柱の接合は、工場製作の金物を用意するなどして、現場での上向き溶接を避ける［図15］。浮上がり力が小さいときは、アングル材等を使用してもよい。地域性にもよるが、現場溶接を避けて、仮設用挟締金具を採用する場合もあるが、構台の使用開始初期の段階で追締めを行えば、緩みにくくなるので、必ず追締めを行うなどの対処が必要である。

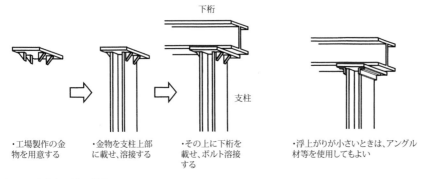

図15　支柱と下桁の接合

[支柱]

　乗入れ構台の支柱にはH形鋼が使われるが、支柱の配列は直交方向である桁行方向が多く、梁間方向が少ないので、揺れを低減するため強軸方向が梁間方向と同じになるように配置する。

　支柱の間隔を大きくして本数を減らすことは、工費の節減と地下で行われる各作業の障害が少なくなるので、生産性の向上にも寄与できる。しかし、桁材や支柱の応力が大きくなり過ぎると、部材をサイズアップしなければならず、逆にコストアップになることもある。また、地域によっては、支柱の支持力の確保のために、支柱先端深度が深くなることもある。

■ポイント
軟弱地盤で支柱先端深度が深くなる場合は、支柱間隔を大きくして本数を減らすほうがコストダウンになりやすい。

大型クレーンの乗入れによる鉄骨建方など、基礎躯体施工後の一過的な支柱の支持力不足には、支柱に応力伝達用のアンカー筋を溶接して耐圧板に打ち込むなど、基礎躯体を利用した補強方法を検討する。

支柱は柱、梁、壁の位置を避けて配置する。型枠を組み立てるために、躯体面から150mm以上離す必要があるが、支柱の施工精度を考慮すれば計画上では300mm以上離すことが望ましい。また、支柱を撤去しやすいように床面には開口部を設けるが、開口補強筋により床のひび割れを防止する。

支柱を撤去するときは、建物底面近くで切断し、根入れ部分は残置するが、耐圧板内では止水処理を行う。

止水処理の方法には、
①支柱に止水材を張り付け、上端に防水処理を施す。さらに、その上にコンクリートを打設すれば、防錆、止水の性能が向上する
②支柱に止水板（PL-4〜6）を溶接し、同様に上端を防水処理する
などの方法がある。

[水平つなぎ、ブレース]

水平つなぎやブレースの取付けは、山留め支保工の架設と同時に行われるので、水平つなぎは切梁の設置高さに近い位置に配置される。最下段の水平つなぎは、最終段階の掘削や基礎躯体の施工などを考慮して、地盤性状にもよるが、基礎梁上端より1m程度上で、床付け面より3.5m程度の高さとする。

梁間方向はすべての構面にブレースを設ける。桁行方向は、構台下を重機が横断することを考慮しても、床付け面から最下段の水平つなぎ材間以外では少なくとも1スパンおきにはブレースを設けるようにする。また、最先端のスパンには必ずブレースを設置する。

支柱と水平つなぎやブレースとの接合部は、支柱の施工精度が悪いために、十分な強度が確保されていない場合が多い。水平つなぎやブレースでつなぐ2本の支柱のフランジ面が同一平面内にないときは、アングルやプレートなどを介在させて、十分な溶接長を確保する。仮設用挟締金具を使用する場合も、同様の対策が必要である［図16］。

■ポイント
解体工事で残置した既存躯体上から支柱を建てる場合は、既存躯体のコンクリート強度や配筋を調査して安全性を検討する。

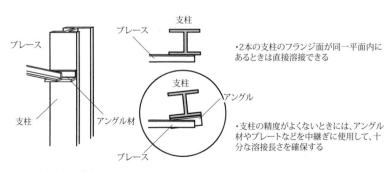

図16　支柱との接合

躯体工事の進捗とともに、水平つなぎやブレースを撤去するが、支柱が貫通する部分の床開口部にキャンバーを設けて支柱を拘束し、水平変位を防止するとともに座屈耐力を保持しなければ撤去はできない。

■ポイント
水平つなぎやブレースを撤去する時期は、乗入れ構台の計算書を確認し、計画図に撤去時期を明記するなどの工夫が好ましい。

［乗入れ部スロープ］

入場時のアジテータ車のように、荷を満載した車両は急勾配のスロープを登ることはむずかしい。また、急勾配の場合、車両の下部が構台をこする場合がある。そこで構台乗入れ部スロープの勾配は1/8以下、できれば1/10～1/12程度とすることが望ましい［図17］。

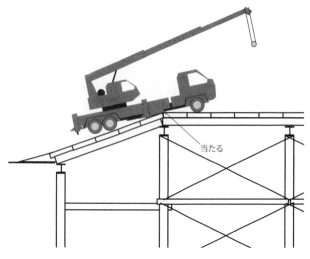

・スロープの勾配が急になると、車両などの下部が接触する場合がある
図17　乗入れ部

最近は、歩行者の安全のため、道路（歩道）の盛上げが許可されず、スロープを敷地内に納めなければならないが、乗入れ構台のスロープの桁材が地下躯体施工の支障になる場合は、その部分を後施工にするか、設計者と協議を行い、梁や床を下げるなどの設計変更について検討しなければならない。

一般的には、乗入れ構台のスロープは1スパン内に納めるが、スパンが小さくて勾配が急になるときは、2スパン以上に広げて勾配を緩やかにする。

●強度検討

［荷重設定］

乗入れ構台に作用する荷重は、構台上で行われる作業の状態によって異なるので、各作業がどのような状況で行われるかを的確に把握し、強度検討で採用する荷重条件を、できるだけ現実の荷重条件に近づけて設定することが大切である。

乗入れ構台の強度検討に採用する荷重は、
①固定荷重：構台の自重
②積載荷重：構台上に乗り入れる重機や車両の重量、一時的に仮置きされる

材料の重量など。積載荷重のほとんどが移動荷重であるため、各部材がもっとも不利になる（応力が最大になる）状況を想定して強度検討を行う

③衝撃荷重：重機の作業中や吊り荷の上げ下ろし時に発生する動的荷重であるが、通常は、積載荷重の20%として、静的荷重として扱う

④水平荷重：クレーンの旋回時、車両の発進時や停止時に発生する水平力で、通常は、垂直荷重の20%を採用している

などである。

　なお、重機や車両による積載荷重は、

①車両：車両の重量は前輪は全車両重量の20%を負担、後輪は全車両重量の80%を負担する

②移動式クレーン：トラッククレーンの走行時荷重は車両と同様とし、ラフテレーンクレーンの走行時荷重は4軸の均等負担とする。作業時荷重は、ブームの方向により、各アウトリガーの負担が異なる

③クローラークレーン：作業時荷重は、ブームの方向により、各キャタピラの荷重配分と荷重分布形状が異なる

などである。

　なお、機種が分かれば、メーカーに問い合わせるか、インターネットで確認することができるが、機種が不明確な場合は略算で求める。クローラータイプ重機の接地圧の目安は、通常で $200 \sim 300kN/m^2$、稼働開始時などは $300 \sim 400kN/m^2$ である。

［覆工板］

　覆工板は上桁を支点とする単純梁として検討する。覆工板の標準サイズは $1m \times 2m$、$1m \times 3m$ であり、スパンが小さいので、重機や車両による荷重の作用点が2カ所以上になることはほとんどない。また、クローラータイプの重機は分布荷重となるが、覆工板の配置とクローラーの向きの関係で荷重条件が異なるので注意を要する。

［上桁］

　上桁は下桁を支点とする梁として検討するが、覆工板に比べてスパンが大きいので、さまざまな荷重条件が想定される。通常の上桁は車両の進行方向と平行に配置されるので、左右の車輪やアウトリガーが同時に載ることはないが、下桁の支持間隔が大きければ、前後の車輪やアウトリガーが同時に載ることが考えられる。

［下桁］

　下桁は支柱を支点とする梁として検討するが、上桁と同様にさまざまな荷重条件が想定される。応力的にもっとも不利になるのは、荷重が下桁の直上に作用するときと考えられるが、直上にない輪荷重やアウトリガー荷重も上

桁を介して伝達されるので、見落とさないよう注意しなければならない。

[水平つなぎ、ブレース]

　水平つなぎやブレースは、支柱、桁材、水平つなぎ、ブレースで構成する構面の頂部に、水平力が作用するものとして検討する。

[支柱]

　支柱の検討には、固定荷重や積載荷重による圧縮応力ばかりでなく、水平力による軸方向応力と曲げ応力も考慮して検討する。

　支柱はもっとも重要な構成部材であり、応力も大きいので、継手を設けないことが望ましい。しかし、搬入時の長さの制約や、支柱施工後の地盤面での重機走行の障害物をなくすために支柱頭部を下げるなど、やむを得ず継手を設ける場合は、ボルト接合か有資格者による溶接接合など、本設の鉄骨と同等の扱いとする。

　支柱を地中に設置して支持力を確保する場合は、先端を $N \geqq 30$ の砂質土層に入れ、N値が増大（下方ほど大きくなる）傾向にある地盤まで到達させる。土質柱状図は敷地内の1地点の調査結果にすぎないので、砂礫層などでN値が局部的に大きい場合には礫に遭遇したための異常値であるととらえたり、N値が減少傾向にある地盤で支柱を止めることは避けたりするなど、敷地全体の地盤状況を総合的に捉えた判断が必要である。

[管理]

　強度検討は、工事中に起こりうる施工条件を設定して行うもので、設定した条件より不利な状態が生じないよう管理することが大切である。条件設定外の事態が生じるときは、改めて検討を行い、安全性を確認しなければならない。

●計画図

　乗入れ構台の計画図には、

①地下躯体：躯体工事の支障にならないように、また、部材損耗を最小限にとどめるように、乗入れ構台各部材と躯体の位置関係を検討するため、地下躯体の基礎、地中梁、柱、梁、壁などの位置を点線で示す。特に、支柱と柱、梁、壁などの干渉、桁材と鉄骨柱や鉄骨梁との干渉、支柱の階段室への設置は避けなければならない。また、水平つなぎやブレースについても、躯体工事への影響が少なくなるよう配慮すれば、躯体工事の進捗にともなう予期しない撤去や支柱の補強を少なくすることができる

②山留め支保工の配置：乗入れ構台と山留め支保工の位置関係を検討するために、切梁、腹起し、切梁支柱の位置などを記載する。乗入れ構台の設置についての制約が多いので、乗入れ構台の配置を優先してから山留め支保工の配置を検討すれば、作業を手順よく進めることができる。また、乗入

れ構台上の重機が切梁開口部を利用して行う作業が効率よく進められるよう、位置関係を調整する。構台と切梁の支柱が接近する部分では、掘削作業の能率が低下するので、できるだけ離して配置するか、十分な強度検討のうえ、兼用することもある

③根切り計画線：根切り計画線は断面図に記載するが、水平つなぎやブレースの位置の検討、およびそれらの取付け時の現場状況を把握するのに必要である

④道路境界線・借地予定線：出入口と乗入れ構台、乗入れ部スロープと地下躯体などの位置関係の検討に必要である。平面図に道路や歩道の工作物や樹木の位置などを記入しておけば、車両の入退場時における軌跡の検討、出入口や構台乗入れ部の計画に役立つ

⑤土質柱状図：断面図に土質柱状図とN値曲線を記入すれば、支柱先端の支持層への到達状況や支持力の確認に役立つ

などを記載する。

# 8 防護構台

## 8.1 防護構台の目的と機能

●目的

防護構台は、歩道上の歩行者の安全を確保するために設置する。以前は、副次的に、キュービクルタイプの受変電設備などの設置スペースとして利用することもあったが、最近は許可されない。

●機能

防護構台に求められる機能は、
①歩行者を飛来落下物から保護できる耐力を有する
②必要に応じて、外部足場を積載するのに、十分な耐力を保有する
③歩道上への設置のため、降雨時などの屋根機能を有する
④道路管理者が定めた規定に適合する
などである[写真19]。

写真19 防護構台例（上：全景、下：構台下部）

## 8.2 設置時期と設置期間

防護構台の設置時期は、工事の内容や条件によって異なり、
①道路管理者に設置を要請される
②既存建物の解体工事で必要とする
などの場合は早期の設置が必要である。

地下工事があって、地上工事開始以降に必要な場合は、構台の設置は急がないが、基礎杭や山留め壁の施工で防護を必要とする場合は、早期に設置しなければならない。ただし、道路境界と基礎杭や山留め壁が近接している場合には、施工重機の必要クリアランスなどの関係で早期設置が困難な場合が多い。

道路管理者（国道は国土交通省の国道管理事務所、都道府県道および市区町村道は各地方自治体）や所轄警察署との事前打合せが必要なので、計画は早期に着手する必要がある。

防護構台は不要になった段階で撤去するが、外装工事の完了が目安になる。

## 8.3 制約条件の確認

設計図書および現地調査より、
①歩道の有無
②交通量（歩行者数）
③道路境界線と建物外壁との距離
④外部仕上げの種類による飛来落下の危険性
などを確認して、防護構台設置の必要性について判断する。外装が在来の工法で、全面に外部足場を設置する場合には、足場を利用した養生により防護構台は不要になる。しかし、外装がカーテンウォールで無足場工法を採用する場合などには、境界線との離隔距離などに応じて、防護構台の設置を検討する。

## 8.4 計画上の留意点

防護構台の設置には、道路を占用するため、道路を管理している道路管理者の許可を受ける必要がある。さらに、道路交通法の規定により所轄警察署長から、道路使用許可を受ける必要がある。
防護構台の計画上の留意点は、
①短時間での組立、解体が可能な仕様とする
②周辺の景観や美観を損ねないような仕様とする
③歩道の幅員を確保する。歩道幅は道路管理者と打ち合わせて確認する
④歩道上の工作物、埋設物などの位置を確認し、柱や柱基礎の位置を決める
⑤柱は歩行の支障にならないように配置する。また、歩行者が衝突しないように、目立つ塗装や保護を施す
⑥雨水などは構台上で処理し、歩行者にかからないようにする。また、歩行の安全のために照明を設ける
⑦工事車両の出入口部分は、車両の入退場に支障のない高さとするが、仮囲いや仮門と構台との隙間は、ネットなどにより飛来落下の危険を防止する
⑧電柱などは、構台に欠込みを設けて、相互に支障にならないようにする
⑨街路樹の移植が必要なときは、道路管理者と時期や方法について打ち合わせる
などである［図18］［写真20］［写真21］。
なお、仮囲い、仮門などの計画との関連で、相互に支障が生じないよう配慮しなければならない。

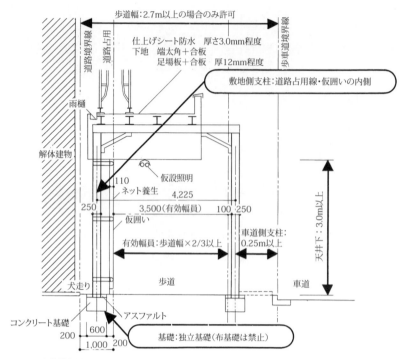

図18 防護構台断面図例

写真20 組立状況

写真21 屋根防水施工状況

# 9 荷受け構台

## 9.1 荷受け構台の目的と機能

●目的

荷受け構台は揚重機からの資機材の取込みに使用する。また、残材の搬出に使用するもの、材料置場を兼用するものもある。

●機能

荷受け構台に求められる機能は、

①揚重機、揚重する資機材の形状、寸法、数量、重量に応じた規模、形状、強度

②荷重に十分に耐えられる構造

③資機材の取込みや、その後の水平運搬に適した機能と配置

③移設が必要な場合は、設置や撤去が容易な構造、仕様

などである。

## 9.2 設置時期と設置期間

荷受け構台は、躯体構造を利用して設置するので、鉄骨建方や躯体工事の進捗に応じて設置する。鉄骨梁を利用して設置する場合は、鉄骨製作図の作成段階で、構台の設置位置や仕様、先付けピース、鉄骨の補強方法などを決定しなければならない。

揚重の対象が、鉄筋、型枠材や型枠支保工、鉄骨用ボルト、溶接機など、躯体工事用の資機材であれば、躯体工事の終了時には構台を撤去するが、工事用リフトやエレベータから資機材を取り込むために設ける構台は、揚重設備と同時に撤去する。

## 9.3 制約条件の確認

設計図書より、

①荷受け構台設置のための躯体（鉄骨などの）補強の必要性

②荷受け構台設置のための後施工工事発生の有無

などを確認する。

荷受け構台を建物内部に設ける場合は、吹抜けやセットバック部分を利用

仮設インフラ　95

すれば、後施工工事を少なくすることができる。

## 9.4 計画上の留意点

以前は、大引や根太にH形鋼や角鋼管を使用し、足場板を敷き並べた荷受け構台が多かった。しかし最近は、組立、解体、移設などの手間が削減できるリース会社のシステム化された構台が多用されている［図19］［写真22］［写真23］。

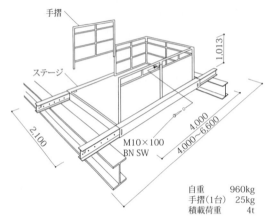

図19　伸縮荷受け構台（提供：綜建産業）

写真22　伸縮荷受け構台（提供：綜建産業）

写真23　外部荷受け構台（提供：綜建産業）

計画に当たっての留意点は、
①規模、数量：荷受け構台の規模は、建物の規模や階高、揚重資機材の形状、寸法、重量などを考慮して決定する。移設を行う場合は、組立、解体が容易な構造、仕様とするが、数量や転用回数については経済性も十分考慮に入れて検討する
②配置：荷受け構台の平面配置は、揚重機の位置と密接に関連するので、各工事で有効に活用できるように、総合仮設計画との関連を考慮して決定する。階高が3m程度であれば、揚重資機材の上下階への手送りが可能なので、3階に1カ所の割合で設置すれば経済的である。各階に設置するかどうかは、生産性向上への寄与度合いを考慮のうえ決定する
③補強：鉄骨上に設置する場合は、鉄骨の強度を確認し、必要に応じて、スチフナ、仮設梁、鉄骨部材の変更などにより補強する。吊り構台では、鉄骨梁の吊り位置による捩れに対する補強が必要な場合もある
④足場材による構台：枠組足場材や単管などによる構台は、継手クランプの強度が不足することが多いので、継手の納まりを工夫したり、補強クランプなどにより強度を確保する
などである。

# 10 桟橋通路

## 10.1 桟橋通路の目的と機能

●目的
桟橋通路は作業員の通行、荷受け構台に揚重された資機材の小運搬などのために設置する。

●機能
桟橋通路に求められる機能は、
①十分な耐力と安定性が確保されている
②手摺や幅木の設置など、労働安全衛生規則の規定を満たしている
③たわみや揺れなど、作業員が不安を感じない
などである［写真24］。

写真24　桟橋通路例（提供：日綜産業）

## 10.2 設置時期と設置期間

地下工事期間中の桟橋通路は、作業員の通路および地下躯体工事用資機材の小運搬に使用するために、腹起しや切梁を利用して設置されることが多い。地下がない場合でも基礎工事用の足場として、レベルコンクリート上から枠組足場等を支柱として架設される。地上工事期間中の桟橋通路は、鉄骨造あるいは鉄骨鉄筋コンクリート造の工事で、作業員通路および鉄筋や型枠材料の小運搬のために、鉄骨を利用して設置される。なお、高さおよび長さがそれぞれ10m以上の架設通路は、労働安全衛生規則により設置工事着手の30日前までに、所轄労働基準監督署長に届け出る必要があるので、早めに計画を立てなければならない［写真25］［写真26］。

●労働安全衛生規則第552条
●労働安全衛生法第88条第2項

## 10.3 制約条件の確認

設計図書より、基礎の形状、鉄骨梁の配置、部材断面などについて確認する。

基礎工事のために設置する桟橋通路の支柱は、配筋や型枠組立作業の支障にならないよう、十分に離して設置するが、最低でも300mm程度は離すことが好ましい。

鉄骨を利用して設置する桟橋通路は、鉄骨梁の間隔と強度、桟橋通路の強

写真25　山留め支保工上の通路

写真26　乗入れ構台からの昇降階段

度、可能なスパンなどを勘案して選定する［写真27］［写真28］。

## 10.4 計画上の留意点

桟橋通路の計画上の主な検討事項は、桟橋通路の幅員と長さ、昇降部の納まり、安全対策などである。

●幅員

桟橋通路の幅員は、作業員の通行のみに使用するか、資機材の小運搬にも使用するのか、一方向通行か、双方向通行かなど、使用方法を考慮して決める。最低でも、手摺の内側で80cmは確保する。

●長さ

桟橋通路の長さは、支点間隔により決まるが、桟橋通路の強度、たわみ、荷重などを考慮して、種類を選定する。

●昇降部の納まり

桟橋通路に至る段差部には階段等を設け、幅は20cm以上、蹴上げ高さ30cm以下とする。

●安全対策

桟橋通路の安全対策上の留意点は、
①床の隙間は30mm以下とする
②飛来落下防止のために、高さ10cm以上の幅木を設ける
③墜落防止のために、高さ95cm（作業員の通行のみの場合は90cm／建設業労働災害防止協会）以上の手摺を設ける（労働安全衛生規則では85cm以上）
などである。

写真27　基礎工事用の通路

写真28　鉄骨梁上の通路

●労働安全衛生規則第552条

# 11 廃棄物処理、分別場、リサイクル施設

## 11.1 廃棄物処理、分別場、リサイクル施設の目的と機能

### ●目的

　廃棄物とリサイクルのガバナンスを構築するには、建設会社の職員および作業員一人ひとりの意識の向上が不可欠である。

　背景としては、最終処分場の残余容量の払底、二酸化炭素排出による地球温暖化、ダイオキシン類やアスベスト問題などによる環境破壊、不法投棄の横行など、建設廃棄物処理の憂慮すべき現状がある。対策として、建設副産物の分別を徹底し、再利用、再資源化を推進して、廃棄処分量を限りなくゼロに近づけることにより、資源循環型社会づくりに貢献することは、建設関連企業に課せられた使命の一つである。

　分別場、リサイクル施設は、建設副産物の分別と再資源化の推進のために設置される。

### ●機能

　建設混合廃棄物の排出量を削減するため、分別の徹底が必要である。分別場は建設副産物の一時的な分別保管に十分な広さのものとする。なお、建設廃棄物は、

①木くず：パーティクルボード、合板、無垢材（柱・梁等断面の大きなもの）、抜根・伐採材類（竹・葉は除く）

②がれき類：コンクリートがら、アスファルトコンクリートがら、ALCパネル

③金属くず：汚れなし非鉄くず、電線くず、汚れなし鉄くず、金属くず全般

④廃プラスチック：床材・発泡スチロールなど、塩化ビニル管・継手、その他廃プラスチック

⑤ガラスくず・コンクリートくずおよび陶磁器くず：グラスウール、ロックウール

⑥紙くず：段ボール、セメント袋

⑦石膏ボード：石膏ボード（メーカー別）、石膏ボード全般（メーカー以外）

⑧混合廃棄物：可燃性混合廃棄物、不燃性混合廃棄物

などに分別する。

## 11.2 設置時期と設置期間

　廃棄物処理などの関係法令には、「資源の有効な利用の促進に関する法律（資源有効利用促進法）」「廃棄物の処理及び清掃に関する法律（廃棄物処理法）」「建築工事に係る資材の再資源化等に関する法律（建設リサイクル法）」などがある。「排出事業者」である施工会社は、着工後、直ちに建設廃棄物の適正処理および減量化計画を立案することを義務づけられている。

　排出量の削減については、混合廃棄物の減量化や分別リサイクル率の向上など、定量的な目標を設定して目標管理を行う。また、多数の処理業者の情報管理、委託する廃棄物の最終処分に至る全プロセスを管理しなければならないので、適切な業者を選定しなければならない。

## 11.3 制約条件の確認

　設計図書より、
①分別する仕上げ材料の種類
②廃棄物などの減量化（石膏ボードのプレカット化、梱包材の減量化、PCa化など）の可能性
などを確認する。

　なお、分別、リサイクルにもっとも関連の深い法令「建設リサイクル法」の骨子は、
①分別解体、リサイクルの義務づけ：対象は、都道府県条例が定める「一定規模以上」の解体工事、特定建設資材（コンクリート、コンクリートおよび鉄からなる建設資材、木材、アスファルト・コンクリートの4品目）
②受注者から都道府県知事への分別解体計画の届出
③請負契約書面に、分別解体の方法、解体費用の明記
④元請業者から発注者、下請業者に分別解体計画について、書面で説明
⑤元請業者から発注者への書面による再資源化の完了報告
⑥解体工事業者の登録制度、および登録番号標識の掲示
などである。

## 11.4 計画上の留意点

　計画に当たっては、
①発生量の抑制

②分別解体、リサイクル計画
③分別管理体制
などについて検討する。

● **発生量の抑制**

環境管理計画の基本は廃棄物の発生を抑制することである。

現場合わせで部材寸法を決めるために大きめの材料が搬入され、材料搬入時の破損を防ぐために単材あるいは少数単位の梱包が行われる。不適格な材料が搬入されることによる作業の手待ちをなくすために当然と考えられることが、廃材の大量発生の原因になる。

環境問題への関心が高まり、分別リサイクルの動きが普及しつつあるが、飽和状態になって受入れ制限を実施しているリサイクル施設が増加してきている。そのため工場でのプレカット、PCa化、ユニット化、工業化、簡易梱包の採用など、残材や梱包材の発生を抑制する努力が必要である［写真29］。

● **分別解体、リサイクル計画**

分別、リサイクルの対象を明確にし、計画を立て、リサイクルルートを確立する［図20］［写真30］。

プレカット

PCa化・工業化

簡易梱包

写真29　廃棄物発生の抑制方法

図20　リサイクルルートの例

写真30　段ボールプレス機

● 分別管理体制

[分別集積計画]

　分別品目の少ない躯体工事期間のみの分別集積計画と、残材、梱包材などの発生がピークになる仕上工事最盛期の分別集積計画と段階的な分別集積計画を立案し、分別集積ヤードを配置する［図21］［写真31］［写真32］。

写真31　分別収集センター

写真32　分別収集例

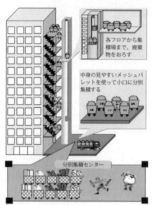

図21　分別集積計画例

[フロアパトロール]

　分別集積のポイントは"発生後、即分別"である。週一度の一斉清掃日（元方事業者によっては、日常の片付けと分別を重視し、行わない場合がある）などに廃棄物を集積すると、分別集積が困難となり、混合廃棄物が増加する［写真33］。

　作業所内に環境専門部会を編成し、廃棄物放置を根絶するために、フロアパトロールを実施し、放置されている廃棄物の「撤去」の指示を行い、早急に分別ヤードに移動させるなどの対応も検討する［写真34］。

[作業員休憩所の分別管理]

　作業員休憩所には分別ボックスを設置し、ペットボトル・びん類・缶類などの分別管理を行う。身の回りに発生するごみなどの分別を体験することが、分別意識の高揚に結びつく［写真35］。

[指導員の配置]

　規模の大きな作業所では、産業廃棄物処理業者のスタッフを分別集積ヤードに配置し、分別指導や協力会社別の排出量をチェックするなどの対応も検討することが望ましい［写真36］。

写真33　一斉清掃でまとめて集積した例（混合廃棄物が多くなる悪い例）

写真34　"撤去"の指示票

写真35　作業員休憩所の分別ボックス

写真36　分別指導風景

# 12 場内通信設備、入退場管理設備

## 12.1 場内通信設備、入退場管理設備の目的と機能

●場内通信設備の目的と機能

　屋外においても内線電話が無料でつながる電話システムや、通信キャリアによる無料または定額通話料金のプランが打ち出され、通話料金に関しては気にする必要がなくなっている。

　またインターネットを利用する無料通話アプリもあるが、プライバシーや情報漏えいのおそれもあり、社内システムへのインストールは禁止されている。

●入退場管理設備の目的と機能

　カード方式では、以前は磁気カードを利用していたが、現在ではICカードが主流になっている。記憶容量も1～2MBと大きく（今後さらに大容量になるものと想定される）なっており、登録できる情報も増えている。また、高いセキュリティが求められる作業所では、指紋、静脈、虹彩、顔といった生体認証が主流になっている。

　しかし、建設業界の特徴でもあるが、日雇いといった雇用形態の作業員が多いため、作業員データを登録するために、非常に労力が掛かっている。グリーンサイト（簡単に管理書類を作成・提出・確認できるインターネットのサービス）を利用することで、所属会社のデータや、社会保険の加入状況をチェックすることができるが、現在国土交通省が、作業員の就業履歴や保有資格を記録する「建設キャリアアップシステム」を開発しており、今後導入される予定である［図22］［写真37］［写真38］。

図22　ICカードの事例

写真37　顔認証システム機器

写真38　顔認証システム使用状況

## 12.2 新しい通信設備とその将来性

●場内監視システム
・資材の盗難が増えており、防犯カメラを設置する現場が増えている。
・動画データの送信にはネットワークの負荷が掛かるため、事務所から場内まで有線LANを敷設できる場合は、有線LANを使用したWEBカメラを設置するが、むずかしい場合は、有線LANと無線アクセスポイントを併用する方法もある。
・事務所と現場が離れている場合は、NTTの光回線を利用し、セキュリティ

仮設インフラ　103

対策をしたうえでインターネット経由でカメラ映像を閲覧することも可能である。
・事務所と現場間の無線LAN（ビル間通信）による接続は、親機同士の見通し確保が必須なので最近の採用例は少ない［図23］［図24］。

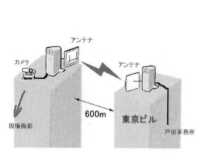

図23　無線LANを使った場内監視システム　　図24　監視カメラの実際の画面

● **無線LANシステム**

社内の無線LANシステムの性能が向上したことにより、作業所においても支店社屋と同様の環境で無線LANを使用することができる。

大規模現場においては、現場にサテライト事務所を設置して社内ネットワークを引き込むことにより、事務所と同じ環境を構築することができる。

無線LAN単独ではなく、NTT回線や有線LAN等を組み合わせたハイブリッド型のネットワークが多くなっている。

また、携帯端末やタブレット端末、パソコンなどのカメラ機能を使うことで、特別な設備を設置することなくアプリを活用して、リアルタイムにビデオ通話をすることができる［図25］［図26］。

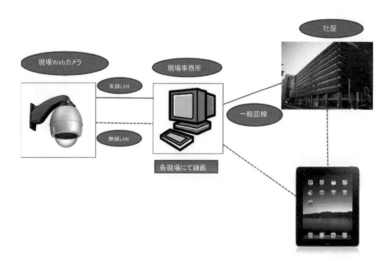

図25　有線LANを使った場内監視システム

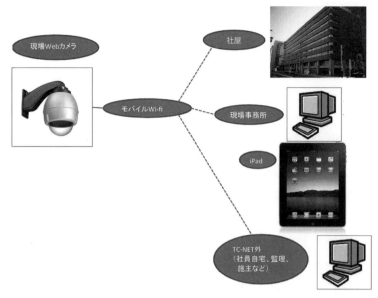

図26　モバイル通信を使った場内監視システム

# 13 安全施設

## 13.1 安全施設の目的と機能

### ●目的

工事の進捗にともない、作業所の状況は刻々と変化し、作業内容や作業環境も変化していく。そこで、この変化に対応し、墜落災害や飛来落下などの発生を未然に防ぐために、作業状況に応じた安全施設を設置する。

### ●機能

安全施設に求められる機能は、

①墜落防止：作業床からの墜落防護工（手摺、囲い、幅木）、開口部の水平ネット（安全ネット）、外部足場外側構面の垂直ネット（安全ネットなど）、床開口部の蓋（固定式、移動式）、安全帯取付け用設備（支柱、親綱）

②飛来落下防止：水平養生（安全ネットなど）、垂直養生（工事用シートなど）、防護棚、防護構台

③作業場所の安全確保：照明、酸欠防止（酸素濃度測定器、換気設備）、空気清浄（有害ガス濃度測定器、換気設備）、火災防止（消火器、防火水槽、消火バケツ）

などである。

**■ポイント**
照度は150lx以上、低くても75lx以上は確保する。労働安全衛生規則第604条、第605条に規定。

## 13.2 設置時期と設置期間

工事の進捗にともない、危険な場所が生じ、危険をともなう作業が行われるときには、必要に応じて安全施設を設置する。また、危険な場所が消滅したり、危険をともなう作業が終了したりしたときには、不要になった安全施設を撤去する。

総合仮設計画あるいは各工事の施工計画で安全施設の計画を検討するが、可能な限り共用可能な安全施設とするか、軽微な盛替えで対応できる安全施設とし、架設、撤去の繰返しによる工費の無駄を省く工夫が必要である。

また、安全施設の配置については、元請会社と協力会社参加による危険作業事前検討会にて、その設置の有無を協議することが大切である。

## 13.3 制約条件の確認

　意匠、構造、設備など設計図書全般を精読し、工事の各段階の状況、各工事の施工方法、各作業の施工姿勢などを的確に想定し、必要に応じて、適切な安全施設について検討しなければならない。

　主な確認事項は、

①開口部（EV、PS、型枠材の搬出入のための施工上の開口部など）の位置

②間仕切り壁施工時まで開口部となる部分（EV、階段室、エスカレータ、吹抜け回りなど）の位置

③階高、仕上げ高さ（作業床の必要性、作業床の高さ）

④外壁施工まで開口部となる外周部の位置

⑤鉄骨の接合方法（ボルト接合か、溶接接合か）

⑥間仕切り壁の建込み方向（建込みは開口部側からか、床がある側からか）

⑦間仕切り壁、天井の施工手順（耐火遮音壁か、単なる間仕切り壁か）

などである。

## 13.4 計画上の留意点

### ●墜落防止

　墜落災害の防止には、

①高さが 2m 以上の場所で作業する場合は、足場などによる作業床を設置する

②作業床や通路の床材の隙間はできるだけ小さくする

③作業床、通路、階段、床開口部などの端には、墜落防護工（手摺や幅木など）を設ける

④墜落防護工の設置が困難な場合は、安全ネットを張り、水平親綱を設けるなどして、安全帯を使用できるようにする

⑤外部足場の外側構面に工事用のメッシュシートや防音パネルなどを張る

などの措置が必要である。

### ［墜落防護工］

　墜落防護工の計画上の留意点は、

①墜落防護工は手摺と幅木で構成され、手摺は束柱、上桟、中桟で構成される

②上桟は作業床から 95cm 以上（第 1 種）または 90cm 以上（第 2 種）の高さに設置する（仮設工業会「墜落防護安全基準」）

③上桟、中桟には鋼管や角鋼管が多用される。しかし、墜落防護工の設置が困難な場合には、十分な張力で保持したワイヤロープなどの安全帯使用設備を設ける

などである［写真39］。

[**安全ネット**]

　安全ネットについては、1972年に労働省（現厚生労働省）から公示された「墜落による危険を防止するためのネットの構造等の安全基準に関する技術上の指針」、仮設工業会の「安全ネットに関する認定基準」などの基準が示されている。

　安全ネットの計画上の留意点は、

①ネットを設置する場合は、墜落者を受け止めたネットが下方に変位し、床面や機械設備などに衝突することがないよう落下高さ、ネットの垂れや下部のあきを設定する

・落下高さ $H_1$：作業床等とネットの取付け位置との垂直距離（落下高さ）は、計算して得た値以下とする

・ネットの垂れ $S$：ネットの垂れは計算して得た値以下とする

・ネット下部のあき $H_2$：ネットの取付け位置とネットの下方における衝突のおそれのある床面との垂直距離は、計算して得た値以上とする

②ネットの支持点の強度と間隔は、設定した落下高さから人体が落下したときに受ける衝撃力に耐えられる構造とする

■ポイント
・第1種：荷揚げ用の開口部、荷揚げ構台、階段の踊り場、乗入れ構台、山留め壁上部など
・第2種：足場の作業床などの周囲に設置する手摺で、第1種に該当しないもの

写真39　墜落防護工の例

●安全ネットの取付け位置
（取付けは、ネット周辺の隙間を少なく）

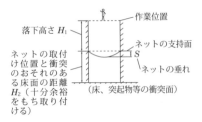

●落下高さ、ネットの垂れおよびネット下部のあき

| ネットの種類<br>条件 | 落下高さ ($H_1$)(m) || ネット下部のあき ($H_2$)(m) || ネットの垂れ ($S$) |
|---|---|---|---|---|---|
| | 単体ネット | 複合ネット | 10cm編目 | 5cm編目 | |
| $L < A$ | $\frac{1}{4}(L+2A)$ 以下 | $\frac{1}{5}(L+2A)$ 以下 | $\frac{0.85}{4}(L+3A)$ 以下 | $\frac{0.95}{4}(L+3A)$ 以下 | $\frac{0.25(L+2A)}{3}$ 以上 |
| $L \geq A$ | $\frac{3}{4}L$ 以下 | $\frac{3}{5}L$ 以下 | $0.85L$ 以下 | $0.95L$ 以下 | $\frac{0.75L}{3}$ 以上 |

$L$（m）＝ネットが架設されたときにおけるネットの短辺方向の長さ
$A$（m）＝ネットが架設されたときにおけるネット周辺の支持点の間隔

図27　安全ネットの張り方

③ネット周辺で墜落のおそれがある場合は、周辺のあきは墜落による危険がないように支持点間隔を小さくする

などである［図27］。

　また、人体または人体相当の落下体により衝撃を受けたもの、網地や縁網などが破損しているものなどは、使用禁止として取り替える。

［安全帯、親綱］

　安全帯のフックを取り付ける金物や親綱の設置についての留意事項は、

①安全帯のフックを取り付ける金物などは、D環より高い位置に取り付け、墜落阻止時に加わる衝撃荷重を低く抑えるようにする。フックを掛ける位置によって衝撃荷重値が大きく相違するので、目安としてD環より上方1.0m以上に設けることが望ましい

②フックを掛ける位置は作業位置と大きく離れないようにする。大きく離れた場合には、落下阻止時に振り子状態になり構造物に激突する危険性がある

③安全帯のフックを取り付ける金物などは、墜落時の衝撃に十分耐えられるものとするが、フックに曲げが加わらない取付け状態とすること

④親綱にはワイヤロープや合成繊維ロープを使用する

などである。

写真40　親綱設備

［鉄骨建方］

　鉄骨建方は高所作業となり、躯体構造フレームを構築する作業と安全施設の設置作業を並行して進める。極めて危険性の高い作業なので、周到な安全対策が必要である。

　主な留意事項は、

①鉄骨建方中の高所作業における墜落災害防止の原則は安全帯の使用であり、常に安全帯を使用できるようにする

②安全帯や親綱を取り付けるための鉄骨への先付け金物の取付けは、工場製作段階で行う

③墜落防止用の安全ネットを張る場合は、関係法令などの規定を守る

④作業員の移動のために、鉄骨柱の昇降にはタラップを、梁上の移動には親綱取付け専用ピースを取り付け、鉄骨柱や鉄骨梁の接合部作業用の足場を設ける

などである［写真40］［写真41］［写真42］［写真43］［図28］。

写真41　柱昇降タラップ

写真42　柱回り足場

［ボルト本締め、溶接］

　ボルト本締めや溶接などの足場には、柱溶接用足場（コラムステージなど）や梁本締め用足場（トピックなど）などの架設や撤去が容易なユニット式足場を使用する。

写真43　三角ステージ（提供：綜建産業）

仮設インフラ　109

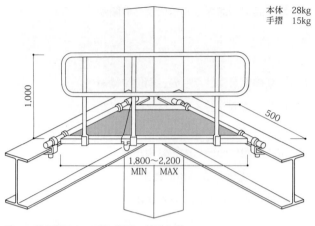

図28 鉄骨柱回りの足場（提供：綜建産業）

[外部足場の組立、解体]

外部足場の組立、解体作業は、鉄骨建方作業と同様の危険をともなうので、親綱支柱等に水平親綱を張り、安全帯の使用を徹底して、墜落災害の防止を図る。

さらなる足場からの墜落災害防止対策として、厚生労働省により2003年に「手すり先行工法等に関するガイドライン」が策定された。手摺先行足場の組立時に作業床に乗る前に、当該作業床の端となる箇所に適切な手摺を先行して設置し、かつ、解体時にも作業床を取り外すまでは必ず手摺が残置されている工法である。公共工事の発注に当たっては、手摺先行工法の採用が特記事項として記載されることが多い。親綱支柱の間隔は、親綱の種類、足場床の地上からの高さを考慮して設定する。

[床開口部]

床の開口部には、床面からの高さ90cm以上（開口部の用途によっては95cm以上）の手摺または囲い、落下防止のための幅木を設ける［図29］。

荷揚げ用の開口部で、雨天対策を必要とする場合やスライドタイプの荷取

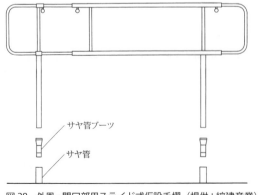

図29 外周・開口部用スライド式仮設手摺（提供：綜建産業）

り装置を設ける場合は、開閉装置付きのステージまたは囲いを設ける［写真44］。

［外壁］

外壁がPCa版やアルミカーテンウォールなどの場合は無足場工法が採用されることが多い。外壁が取り付けられるまでは危険な状態になるので、外壁全面に垂直ネットを張り、外周柱の内部側には、単管もしくは被覆ワイヤを使用した幅木付きのネット張り養生兼用手摺を取り付ける。外装材取付け時には、外壁面の垂直ネットを取り外すので手摺が必要である［図30］。

写真44　開口部手摺（提供：綜建産業）

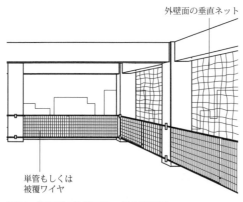

図30　無足場工法採用時の安全施設例

●飛来落下防止

高所からの飛来落下物により、作業者および作業所周辺に危害が及ぶおそれがある場合は、飛来落下物の防止設備を設けなければならない。

一般に用いられる飛来落下物の防止設備は、工事用シート、ネットフレーム、グリーンネットなどによるものが多いが、これらで飛来落下物による危害を完全に防止できない場合は、防護棚や防護構台、工事用朝顔を設けることも必要である。また、現場内の飛来落下物防止設備としての水平ネットや、足場からの工具や材料などの落下を防止する幅木なども、適宜設けなければならない。

［工事用シート］

工事用シートは飛散物による公害や災害を防ぐのに使用するが、過大な落下物の防護性能を期待することはできない。また、足場に工事用シートを張ると、風圧力が大きく作用するので、壁つなぎを増設して春一番等の突風に備えるか、台風などの強風が予測されるときは取り外すなどの対応が必要である。

［メッシュシート］

難燃性の繊維または防炎加工を施した繊維を網状に編織したもの、もしく

は合成繊維を網状に編織したものに防炎加工を施したものなどを縫製または融着したものである。風圧力の減少を目的に開発されたもので、工事用シートに比べて、風圧力が減少する。

### [ネットフレーム]

ネットフレームは、外部足場の外側構面に取り付ける鋼製枠付き金網で、枠組足場との組合せで使用するのに適している。

### [防音パネル]

足場にも単管にも専用クランプによりワンタッチで取り付けられ、密閉性にも優れているため、防音・防塵に優れる。

### [垂直養生ネット]

建築工事用の垂直養生ネットは、建築物の外側構面に設置し、主に、ボルトや工具等の飛来落下防止に用いるネットである。網目は 15 〜 30mm、サイズは 6m × 6m、7m × 10m など大きなサイズのものが多種ある。素材は、ポリエステル系などの合成繊維を素材とした網である。編目が比較的大きいため、細かい落下物に対する飛来防止効果は劣る。

### [防護棚（落下防止朝顔）]

建築工事公衆災害防止対策要綱では、外部足場から俯角 75 度を超える範囲または水平距離 5m 以内の範囲に交通等に供せられている場所がある場合には、工事場所が地上から 10m 以上の場合は 1 段以上、20m 以上の場合は 2 段以上の箇所に落下防止朝顔を取り付けることとなっている。一般には地上から 4 〜 5m の高さに 1 段目、1 段目の朝顔から 10m より低い間隔のところに 2 段目の朝顔が設置される。朝顔の跳ね出し長さは、足場からの水平距離で 2m とし、水平面となす角度は 20 度以上とする。ただし、特殊な施工方法にて適切な措置を講ずることにより、朝顔に代えることができる。

## ●各部の飛来落下防止対策

### [鉄骨建方]

鉄骨建方では、ボルト本締付け作業時のボルトおよびピンテールの落下防止措置が必要になる。鉄骨鉄筋コンクリート造の場合は、鉄骨梁に先付けした吊り足場用のピースを利用して吊り足場を取り付け、この吊り足場に水平養生ネットを結び付ける。鉄骨造では、鉄骨梁に工場で取り付けた水平養生ネット用の先付けピースを利用して水平養生ネットを張る。鉄骨造の場合は撤去時に、ネットを外しやすいように先付けピースの形状を工夫する。

柱、梁の取合い部分（パネルゾーン）は隙間が生じやすいので、隙間が生じないように工夫して水平養生ネットを張る。

### [荷揚げ開口部、作業床端部]

荷揚げ開口部の周囲および作業床の端部には、資機材の落下を防止するた

---

**■ポイント**

防音パネルは台風接近時に急遽取り外すことは、現実的には困難である。そこで、架設時に突風を考慮して壁つなぎを増設しておくことが望ましい。

防音パネルの音響透過損失は、周波数 500 〜 1,000Hz で 20dB 程度である。

めに幅木を設ける。

[投下開口、集積場所]

原則として、高所からの物の投下は避けなければならない。しかし、建物の解体工事では、解体した内装材やコンクリートがら、鉄筋くずなどの投下開口が必要になる。投下開口は、場所を限定のうえ、四周を養生して飛散と飛来落下対策を施す。なお、集積場所にも飛散防止対策と立入禁止対策、さらに投下中であることを示すブザーやパトライトの表示設備を設ける必要がある。

[隣家、外部への飛散防止]

外部足場から俯角75度を超える範囲、または水平距離5m以内の範囲に、隣家、一般の交通その他の用に供せられている場所がある場合には、はつり作業や外壁工事にともなう落下物によって、周辺に被害が及ばないように、垂直養生ネットや工事用シートなどで、第三者災害防止上必要な部分を覆わなければならない。

[エレベータ壁開口部]

エレベータ壁開口部の養生は壁の施工後に行うが、エレベータ工事着手前に、エレベータの施工会社が養生の管理を行うよう打ち合わせるとよい［写真45］。

[無足場工法]

躯体工事あるいは仕上工事用の外部足場を必要としない無足場工法を採用する場合でも、外部への飛来・飛散防止のための垂直養生ネットを設置しなければならない。また、昇降足場を設置する場合には、各リース会社等が保有する養生ネットとフレームをユニット化したものが使われ、自動昇降式と揚重機を使用して盛り替える方式の2種類がある。また、鉄骨構造の場合の飛散防止養生としては、耐火被覆吹付け時などに発生する軽量浮遊物への対策も必要である。

[バルコニー]

バルコニーがPCa版で無足場工法を採用する場合や、バルコニー取付け時に、アルミ製の手摺などを先付けして揚重しない場合には、垂直養生が必要となる［写真46］。

●防火

工事事務所や休憩所の防火対策の留意事項は、

①工事事務所や休憩所には防火水槽を設置し、消火器、水バケツ（水を張った消火用バケツ）を常備する［写真47］［写真48］
②作業所内には消火器と水バケツを常備する
③喫煙場所には灰皿、消火器、水バケツを常備する

写真45　エレベータ開口部養生（提供：綜建産業）

写真46　バルコニー養生（上：姿、下：取付部、提供：綜建産業）

写真47　防火水槽

写真48　消火器の常備（提供：グリーンクロス）

仮設インフラ　113

④溶接など火気を扱う作業を行う場所では、周辺の可燃材を撤去し、消火器と水バケツを用意してから作業を開始する

⑤火気を使用する作業は、事前に「火気使用届」を提出し、事後は火気の始末の確認後に「火気使用届」に捺印することを義務づけるなど、火気使用に当たっての自主管理を徹底させる。さらに、作業終了後の巡回で最終確認を行う

⑥避難通路、非常口を設け、常時、二方向避難ができるようにする　●建築基準法第85条第5項

などである。

● **危険物の貯蔵、保管**

危険物の貯蔵、保管についての留意事項は、

①可燃性塗料などの可燃性危険物は、「危険物倉庫」を設置して、直射日光を避け、通風通気や換気の良好な場所に保管しなければならない。危険物倉庫は外部から施錠して、「危険物」「塗料置場」「火気厳禁」などの識別表示を行い、周辺での火気の使用は禁止する

②消防法に従い、分類ごとに指定された数量以上の塗料などは、作業所内に搬入しないように調整する。ただし、やむを得ず指定数量以上の危険物を搬入する場合には、所轄消防長または消防署長の許可を得れば、10日以内に期間を限定して、仮貯蔵または取り扱うことができる　●消防法第10条
●危険物の規制に関する政令

③危険物の保管に関しては、危険物の特性を十分に理解しなければならない。二液性の材料では、混合した残りを換気の悪い状況下で保管すると、自然発火するおそれのある材料もあるので注意を要する

などである。

● **酸欠、有害ガス対策**

酸欠、有害ガス対策の留意事項は、

①工事内容に応じて、酸素や有害ガスの濃度測定器や換気設備を常備する。また、緊急時に備えて、防毒マスク、防塵用保護眼鏡、保護衣、担架、避難用呼吸器などを用意することが望ましい。なお、防毒マスクや防塵マスクには酸欠防止効果はないので注意する［写真49］［写真50］

②人力による入隅部の掘削や深礎杭の掘削を行うときは、事前に地盤調査報告書等で検討のうえ、作業開始前に、腐植土層の有無、地下水の状態など地盤状況を確認し、酸素欠乏のおそれがある場合には、十分な工程の確保、機械化施工への改善、換気設備の設置、防護具の使用などについて検討する

③地下ピットなどでは、雨水や湧水が滞留して、長期間密閉された状態が続くと、特に夏期には、暑さにより滞留水に含まれる有機物が腐敗して酸素欠乏空気が発生することがあるので注意する

写真49　ポータブル酸素モニター（提供：理研計器）

写真50　避難用呼吸器（提供：川重防災工業）

④ピット内作業や手掘深礎杭など、酸欠のおそれがある場所では、単独作業は禁止するとともに、事前に酸素濃度を測定し、酸素濃度が18％未満の場合は換気を行い、18％以上になるのを待って作業を開始する。作業時には監視人をつけ、作業中は酸素濃度が18％以上になるように換気を続ける。また、異常発生時の連絡体制を明確にしておく。なお、閉鎖性の高い作業空間では十分な換気が必要である

⑤古井戸、マンホール、地下室などは、メタン、炭酸ガス、硫化水素、腐食性ガスが発生する危険性があるので、計測、換気などを行った後に作業を開始する。特に、改修、改築、解体などの工事では事前調査が不可欠である

などである。

有害ガスの日常監視における管理基準値は、作業環境・安全対策マニュアルの一例として、法・規則等で定める基準値の1/2を基本とし、硫化水素2.5ppm未満（基準値5.0ppm未満）、酸素濃度19.5％以上（基準値18.0％以上）、一酸化炭素25ppm未満（勧告値50ppm未満）、メタンガス2.5％未満（勧告値5.0％未満）、ベンゼン0.5ppm未満（基準値1.0％未満）、ジクロロメタン25ppm未満（基準値50ppm未満）、粉塵0.6mg/m³未満（勧告値5mg/m³未満）とする。

●大気汚染防止法等

# 14 工事用給排水設備

## 14.1 工事用給排水設備の目的と機能

### ●目的

工事用給水設備は、

①洗顔、手洗い、トイレの水洗、シャワー、飲料、炊事などの生活用水

②杭工事の掘削孔壁保護、残土搬出車両の洗浄、型枠やタイルなどの清掃、モルタルやロックウールなどの材料混練、コンクリート散水養生、塵埃飛散防止のための散水などの工事用水

などを供給するための設備であり、工事用排水設備は、

①生活用水から発生する雑排水、汚水

②雨水、地下水

③掘削作業で発生する酸、アルカリなどを多量に含んだ水を中和、希釈、分離などの処理を行って生じる排水

などを排出するための設備である。

### ●機能

工事用給水設備に求められる機能は、用途に適した水質、所要の水圧の水を不足することなく供給することであり、工事用排水設備に求められる機能は、不要になった水を場外に適切に排出することである。

## 14.2 設置時期と設置期間

工事用給排水設備は、準備工事期間中に設置し、全工事期間を通して使用するが、事前の協議や申請を必要とするので、計画は早期に着手しなければならない。

## 14.3 制約条件の確認

設計図書から、上水道本管など用水源や排水の放流先、用水を必要とする工種や機器、工法などを抽出し、必要な水質、水圧、水量などを確認する。また、敷地および敷地周辺の調査により、上水道に代わる用水源の有無などについて確認する。

●用水源

　上水道本管を用水源とし、公共下水道を放流先とすることが多いが、用水、排水とも引込み手続きが必要である。既存の敷地内に引き込まれた施設を使用する場合もあるが、メータの貸与や使用料金に関連して、水道局や下水道局との協議や手続きが必要である。

［工業用水］

　上水道本管のほかに、工業用水道本管が敷設されている地域の工事で、工事規模が大きく水の使用量が多い場合には、水道料金の節約のために、別途に工業用水を引き込むこともある。

［井戸］

　既存の井戸を用水源として使用する場合は、用途に適した水質であることを確認しなければならない。また、地下工事に使用するディープウェルやウェルポイント等、また、本設井戸が計画されている場合に先行施工して工事用水源とすることは経済的なメリットが大きい。しかし、新たに井戸を掘って、工事用水に使用することはほとんどない。大量の水を要するのは、基礎杭や山留め壁の施工時であるが、需要に遅れずに工事用のディープウェルを施工できるか、需要に応じた水量を供給できるかなどの検討が必要である。

［河川］

　基礎杭施工時の孔壁の保護、山留め壁施工時の削孔水や混練水、ウェルポイント施工時の噴射水、残土搬出車の車体洗浄用の水などは、用水源を河川や水路に求めることも考えられるが、灌漑に使用されている河川では水利権の問題があり、河川の管理者と協議して許可を得る必要がある。

●水質

　生活水に使用する水は、飲料水の水質基準に適合するものでなければならないが、水質基準に関連する関係法令には、

①水道法に基づく水質基準に関する省令

②事務所衛生基準規則

③労働安全衛生規則

④地方自治体の給水条例

などがある。

　工事用水としては、コンクリートやモルタルなどの混練に使用する水が、セメントの硬化や鉄筋に悪影響を与えない水質でなければならないが、日本建築学会の「建築工事標準仕様書・同解説 JASS 5 鉄筋コンクリート工事」、JIS A 5308 附属書 C に水質基準が示されている。

●放流先

　終末処理場を有する公共下水道は、雨水とそれ以外の汚水、雑排水などを

仮設インフラ　117

それぞれ別系統で流す分流式と、同じ系統で流す合流式に分けられる。最近は、分流式が多くなり、雨水以外の排水については、通常、上水道使用量に見合った下水道使用料金が課せられるが、解体工事での散水など上水道使用量と放流量の乖離が大きい場合は、減免措置の申請を行い、協議により決定される。湧水や地下水揚水用のディープウェルなどの排水は雨水と同種の排水と見なされるが、必ず作業所乗込み前に所管の下水道事務所出張所と協議を行い、着手前に「届出書」を提出する。また、工事排水や地下水・湧水を下水道に流す場合には「公共下水道一時使用届」の提出が必要である。

排水に当たっては、泥や土を沈殿させ、Ｖノッチから上水を分離排水するノッチタンク［写真51］などの簡易な泥水処理装置を界し、放流量を三角堰等で計算し、申請のうえ適切に下水道使用料金を支払う。

終末処理場がない地域で、トイレを水洗にする場合は浄化槽で処理して放流しなければならないが、浄化槽設置届が必要になる。

写真51　ノッチタンク

## 14.4 計画上の留意点

### ●給水設備

所要水量、必要水圧から仮設給水方式を決めるが、本設の引込みを先行し、仮設にも利用する場合が多い。本設の引込みサイズは仮設で求められるサイズより大きいので、工事期間中は仮設用の小さなメータの貸与を受けて取り付ける。

仮設用の装置の設置位置や配管ルートは、工事に支障なく水を供給でき、工事期間中の盛替えができるだけ少なくなるように検討し、各工事の担当者と協議して決定する。

［水量］

各月当りの稼働人員より必要な生活用水量と、工事工程と水を使用する工法や機械類などから必要な工事用水量を推定し、必要な水量を供給できる設備を設置する。

［給水方式］

必要水量が少なく、必要水圧も低い場合は、管理が容易で費用が少なくて済む水道直結方式を採用する。

中層・高層建物では、水道本管の水圧だけでは高い部分に水を押し上げることができず、加圧給水装置が必要になるが、ポンプと小さな水槽がセットになった装置が多用されている。加圧給水装置の送水圧は、揚水階への押上げ圧、使用機器の必要水圧、配管の流水摩擦損失水頭を加えたものでなければならない。

■ポイント
・生活用水量の計画使用水量の目安は、社員、作業員1人当り、80～90ℓ／人・日（8H）、同時使用率20％程度として算定する。
・工事用水量の計画使用水量の目安は、水を使用する工種の必要水量を調査し、工程にそって1日当りの計画使用水量を算定する。
・現場給水引込み管径の選定については、上記で算定した計画使用水量に基づいて決定する。
特に使用水量が多くなるのは、山留め壁工事や杭工事であり、敷地内に水槽が何台配置（夜間に貯水）できるかで選定する。また、敷地内に引き込まれている径が何ミリ径なのか、もし30mm径より小さい径であれば、新築引込みを見越して先行で引き込むことが多い。ただ、50mm径を超えるとメータも特大になるので通常は避ける。
・適合給水管の標準使用量
13mm：17ℓ／分
20mm：40ℓ／分
25mm：65ℓ／分
30mm：90ℓ／分
と比較して給水管の口径を選定する。

高層建物では、最上階に適切な給水圧を設定すると、下層階では給水圧が過大になり、使用上の支障を生じる場合がある。対策として、

①給水系統を上層階と下層階に分け、下層階系統には減圧弁を介して給水する

②中間階に加圧給水装置を設け、上層階には２段階加圧で給水する

③地上に、下層階、上層階２系統それぞれの加圧給水装置を設置し、配管も２系統に分ける

などの方法が考えられるが、水槽の設置場所や盛替えなどの問題があり、仮設給水に高置水槽方式の採用事例が少ないのが実状である。

[給水管]

　給水管には耐衝撃性硬質ポリ塩化ビニル管、塩化ビニルライニング鋼管などが使われるが、耐圧ホースと分岐継手を組み合わせて使用する場合もある。これらの管材を組み合わせて使用する場合もあるが、管に求められる性能や盛替えなどを考慮して適切な材料を選定しなければならない。

　配管に関する重要な注意事項の一つに、厳寒期の凍結対策がある。通常は、配管に断熱材を巻く方法が採用されているが、特に、寒風に曝される部分の配管には入念な措置が必要である。気温低下が予想される極寒の夜間では、開栓して流水状態のままとするなどの対応も考慮する。さらに、年末年始の用水を使用しない長期休暇期間中は、給水立管の水を抜くことができるようにするなどの配慮が必要である。なお、工事用水に飲料に適さない水を使用する場合は、誤飲による衛生上の問題が生じないように明確に表示する。

●排水設備

[生活排水]

　終末処理場を有する公共下水道が整備されていない地域の仮設トイレは、

①汲取り式

②少量の洗浄液で洗浄する簡易水洗汲取り式

③浄化槽を設置した水洗式

のいずれかを選定するが、浄化槽を設置する場合は、規模が小さくても雑排水も同時に処理する合併処理浄化槽を採用しなければならない（単独処理浄化槽の新設は禁止）。

●浄化槽法の一部を改正する法律

　仮設建物（作業所事務所、休憩所）では、大小仮設便所が必要であるが、現場の建物内の仮設トイレは、汚れや悪臭による作業環境の悪化を避けて、隔階または最小限の特定階に小便器のみを設置する場合が多い。衛生管理面を考慮すれば、水洗として、排水管で浄化槽または汲取り槽に導く方式を採用することが望ましい。

仮設インフラ　119

［工事排水］

　左官捏ね場の排水や残土搬出車の洗浄排水などは、沈殿槽を設けて、モルタルや土砂の流出を避けるが、工事排水は、必要に応じて、中和処理などの排水処理設備を介して、放流水質基準に適合するよう処理しなければならない。

　湧水は雨水と同じ系統に排水するが、湧水中に鉄分が多く含まれていると、空気に触れた鉄分が酸化して赤色を帯びることがある。湧水中の鉄分が多いときは、除鉄装置で鉄分を除去して排水しなければならないこともある。

［排水管］

　排水管には硬質塩化ビニル管が使われるが、塩化ビニル管はマテリアルリサイクルが可能である。

# 15 工事用電気設備

## 15.1 工事用電気設備の目的と機能

工事用電気設備は、仮設建物（作業所事務所、休憩所など）、各作業に使用する工事用設備機器、現場で働く人々に快適な作業環境や生活環境を提供するために必要な電力の供給と、工事の推進や施工管理に必要な情報通信の環境整備のために設置する［表2］［図31］。

●電気事業法

●電力の供給の目的と機能

電力供給の目的と機能は、
①工事用電気機械器具に、必要なときに必要な容量の電力を供給する
②感電事故、漏電火災など、作業員および第三者の身体、財産の損傷をともなう電気事故を防止する

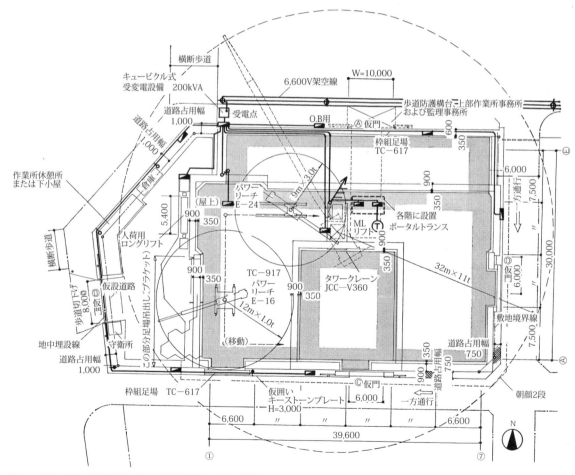

図31 「電力供給、情報通信に関する環境整備」イメージ図

仮設インフラ

## 表2　工事用機械の使用電力例

| 品名 | 品名 | 形式 | 巻上 低速 | 巻上 高速 | 起伏（横行） | 旋回（昇降） | 定格容量 | 需要率（%） | 備考 |
|---|---|---|---|---|---|---|---|---|---|
| 揚重機 | クレーン | OTS-15 | 6.0 | — | 2.5 | 0.75 | 9.25 | 60～80 | 電源容量：15kVA |
| | | JCL-030 | 15.0 | 3.7 | 5.5 | 2.2 | 22.7 | | 電源容量：50kVA |
| | | OTS-50 | 1.9 | 15/7.5 | 8.0 | 2.2 | 25.2 | | 電源容量：50kVA |
| | | OTS-100 | 26.0 | — | 10.0 | 5.5 | 40.8 | | 電源容量：75kVA |
| | | OTS-120 | 40.0 | 22.0 | 15.0 | 4.8 | 59.8 | | 電源容量：100kVA |
| | | OTA-180N、JCC-200Ⅱ | 55.0 | 30.0 | 25.0 | 7.5 | 87.5 | 70～80 | 電源容量：150kVA |
| | | JCC-200H | 90.0 | — | 37.0 | 7.5 | 0.4.5 | 70～80 | 電源容量：200kVA |
| | | OTA-230N | 55.0 | — | 25.0 | 11.0 | 91.0 | | 電源容量：150kVA |
| | | JCC-400H | 110.0 | — | 30.0 | 11.0 | 151.0 | | 電源容量：200kVA |
| | | 特注：大型クレーンには400Vの機種があるので、取扱説明書で必ず確認すること | | | | | | | |
| | 水平クレーン | OTH-75 | 25.0 | — | 1.5 | 4.5 | 31. | 60～80 | 電源容量：50kVA |
| | ジブクレーン | E-24Ⅲ | 1.9 | 15.0 | 6.0 | 0.75 | 21.75 | 60～80 | 電源容量：60kVA |
| | | E-40Ⅲ | 15.0 | — | 10.0 | 1.5 | 26.5 | | 電源容量：100kVA |
| | リフト（二本構） | HOL-240B | | | 3.9 | | 3.9 | 50～80 | |
| | | HOL-1000 | | | 6.1 | | 6.1 | | |
| | リフト 高層 | HGL-2000 | | | 22.0 | | 22.0 | | ＊高層は需要高め |
| | ロングスパンエレベーター | TPLE-900、HSL-900B | | | 3.7×2 | | 3.7、15.0 | 50～70 | |
| | 人荷エレベーター | HSL-750E2 | | | 3.7 | | 30.0 | 50～70 | 高速（400V） |
| | | HCE-900B | | | 7.5×2 | | 32.0 | 60～80 | 高速（400V） |
| | | HCE-1000TS | | | 15.0×2 | | 30.0 | | 高速（400V） |
| | | HCE-2000BL | | | 16.0×2 | | 64.0 | | 高速（400V） |
| | | HCE-2200L | | | 7.5×2×2 | | | | 高速（400V） |
| | | HCE-2500BL | | | 16.0×2×2 | | | | 高速（400V） |
| | | 特注：高速機種には、高調波対策トランスを使用する機種があるので、注意のこと | | | | | | | |
| 水機 | 水中ポンプ | 口径50mm | | | 揚程：8m、揚程：10m | | 0.75 | 40～80 | 100V、200V |
| | | 口径75mm | | | 揚程：20m | | 2.2 | | |
| | | 口径80mm | | | 揚程：25m、60m | | 3.7、11.0 | | 高揚程 |
| | | 口径100mm | | | 揚程：22m | | 5.5 | | |
| | | 口径100mm | | | 揚程：30m、35m | | 7.5、11.0 | | 高揚程 |
| | 高圧洗浄機 | 100Vタンク | | | 吐出圧 13kg/cm³ | | 0.55 | 40～60 | 100V |
| | | 200Vタンク | | | 吐出圧 60kg/cm³ | | 3.7 | | |
| | DW（ディープウェル）　＊常時運転するものなので、容量算出時には注意すること | | | | | | 5.5～11.0 | 70～90 | 揚程により決まる |
| | WP（ウェルポンプ） | | | | | | 18.4 | | |
| コンクリート機器 | コンバーター | | | | 30mm 4台、40mm 2台可能 | | 1.6 | 50～80 | 100V |
| | | | | | 30mm 8台、40mm 4台可能 | | 3.2 | | 200V |
| | バイブレーター | HBM30Z、HBM40Z、HBM50Z、HBM60Z | | | 30mm、40mm、50mm、60mm | | 0.130、0.250、0.400、0.500 | | 48V 高周波 |
| | モーター式フレキタイプ | P28FP | | | 28mm×186 | | 0.250 | 50～80 | |
| | | P32FP | | | 32mm×187 | | 0.250 | | |
| 鉄筋加工機 | 鉄筋曲機 | DBR32X | | | 最大：32mmまで | | 1.1 | 40～60 | 100V ポータブル型 |
| | | DBD-25L | | | 8～25mm | | 1.8 | | 100V 定置式 |
| | | CKB-42 | | | 最大：42mmまで | | 3.7 | | 定置式 |
| | 鉄筋切断機 | DC25X | | | 4～5mm | | 1.4 | | 100V ハンド式 |
| | | C-43 | | | 最大：43mmまで | | 2.2 | | 定置式 |
| | モルタルミキサー | KAM-3 | | | 0.08m³ | | 1.5 | | |
| | | KAB-2.5 | | | 0.07m³ | | 0.75 | | 100V |
| 電動工具類 | インパクトレンチ | WH16 | | | M12～30 | | 0.4 | 30～60 | 100V |
| | | WH-25 | | | M18～33 | | 1.4 | | 100Vと200V用あり |
| | ナットランナー | NR-7000A1、NR-9000A1 | | | M16・20・22、M20・22・24 | | 1.2、1.250 | | 100V |
| | 高速切断機 | CC12SA | | | 丸棒65・パイプ101.6 | | 1.5 | | 100V |
| | | CC16SB | | | 丸棒65・パイプ140 | | 3.7 | | |
| | ハンドカッター | 4110C | | | | | 1.42 | | 100V |
| | チェンソー | CJB-150、S-35B | | | 150mm、350mm | | 0.620、1.4 | | 100V |
| | ディスクサンダー | S15、S18 | | | | | 0.550、0.900 | | 100V |
| | ハンマードリル | DV10V | | | | | 0.45 | | 100V |
| | | V-19 | | | | | 3.0 | | 100Vと200V用あり |
| | 丸ノコ | C7BA3 | | | | | 1.1 | | 100V |
| | 電気ドリル | LB5001 | | | | | 0.62 | | 100V |
| 掃除機 | 乾式 | CV-5 | | | | | 1.0 | 40～60 | 100V |
| | 湿式 | 404X | | | | | 1.05、1.0 | | 100V |
| 小型揚重機 | 小型ウインチ | MA-2、MA-5 | | | | | 1.5、3.9 | 30～50 | |
| | ベビーホイスト | BH-400 | | | 20m、160kg | | 0.400 | | 100V |
| | | BH-700T | | | 揚程：20m | | 0.600 | | 100V |
| 溶接機 | 直流溶接機 | ARSB202 | | | 200A（直流） | | 9.7 | 20～60 | |
| | バッテリ溶接機 | EV-W35 | | | 150A | | 1.5 | | 100V |
| | アーク溶接機 | KXA250 | | | 250A | | 18.5 | | ＊サッシュ等は低め |
| | | KXA300 | | | 300A | | 25.0 | | |
| | 半自動溶接機 | | | | 500A、600A | | 43.0、52.0 | 60～80 | 鉄骨、パイプ溶接用 |
| | 送風機 | SJF-304.1V | | | | | 0.400 | 50～70 | 100V |
| | | SJF-506 | | | | 5.5～11.0 | 0.750 | | 揚程により決まる |
| 吹付 | ジェットヒーター、オイルヒーター | | | | | | 0.150、0.080 | 40～70 | 100V |
| | 耐火被覆 | | | | | | 30.0～50.0 | 60～80 | ＊高層棟は高め |
| | コンプレッサー | SP-07CPB、SP-22PB | | | 吐出空気 78L/mm、245L/mm | | 0.750、2.2 | 40～70 | 100V |
| 建設現場における照明容量（一般的） | 地上階（窓あり） | | | | | | 3～5W/m² | 60～80 | ＊白熱電球の場合は3～5Wを加算する |
| | 地下階（地上階の無窓階も同じ） | | | | | | 8～10W/m² | 70～80 | |
| | 事務所 | | | | | | 40～50W/m² | 70～80 | |

③作業所の電気設備に起因する地域停電など、外部への波及事故を防止する

④電力供給の安全性や信頼性の確保とともに、省エネルギー設備の採用や電気使用の合理化を図ることにより、省エネルギー、省資源など社会の要請に応え、また、建設費の節減に寄与する

などである。

●情報通信の環境整備の目的と機能

　情報処理や情報通信のハードウェアやソフトウェアの進歩により、工事規模や内容の違い、各企業の施工管理体制の違いにより、情報通信の環境整備にはさまざまな対応がなされているが、その目的と機能は、

①外部からの情報収集や情報通信のツールを整備する（電話、電子メール、インターネットなど）

②作業所内の情報伝達や情報通信のツールを整備する（内線電話、インターホン、電子メール、場内放送、WEB カメラ、作業所 LAN など）

③それぞれの企業の本社、支店などと作業所間の情報処理や情報通信のツールを整備する（社内あるいは作業所 LAN、社内施工管理システムなど）

などである。

## 15.2 設置時期と設置期間

●電気設備

　工事用電気設備は準備工事期間中に設置され、竣工が近づいて、受電した本設電気設備に切り替えられるまでの、ほぼ全工期を通して設置される。

［電力需要］

　作業所の電力需要は工事の進捗とともに増加し、工程後半の受電前あたりでピークに達する。電力需要の変化が「後半山形」を示すのが一般的である。

　施工計画に基づく工事用機器の使用計画と、工事進捗状況に応じた電力需要の変化を工事用電力使用工程表などの作成により、的確に把握し、必要な時期に、必要な電力を効率的に供給できるように、調整や手続きを進めなければならない［図 32］。

［計画手順］

　工事用電気設備の受電までは、

①施工計画の検討と工事工程表の作成

②着工から竣工引渡しまでの仮設建物内と工事用機器の使用計画と、それに基づく電力使用計画の検討

③各工事段階の負荷設備容量の算定と電力会社との契約電力の算定

④受電方式と契約種別の決定

仮設インフラ　123

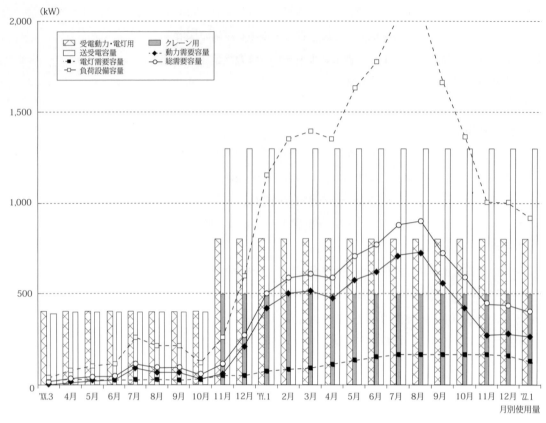

図32 工事進捗にともなう工事用電力使用工程表の例

⑤電力会社との事前協議による工事用電力受電日の決定
⑥電力会社への電力使用の申込みと電力会社による引込み工事の実施
の手順で進める。

[申請手続き]

　電力会社への使用申込みから受電までの所要期間は、時期、地域性や電力会社により大きく異なる。首都圏を例にすると、
①通常の（道路掘削など用地関連の支障がない）場合：約2.0〜3.0カ月
②道路掘削など用地関連の支障がある場合：約3.0〜4.0カ月（6.0カ月を要する場合もある）
③地中引込み線、そのほかに支障がある場合：問題処理に要する期間のほかに約1.0〜2.0カ月をプラス
程度の期間が必要である［図33］。

　所要期間は条件により大きく異なるので、早期の申込みを行わなければならない。

●情報通信設備

　電話回線や専用回線の申込みから設置までに要する期間を、作業所開設の時期から逆算して、遅滞なく使用申込みを行わなければならない。

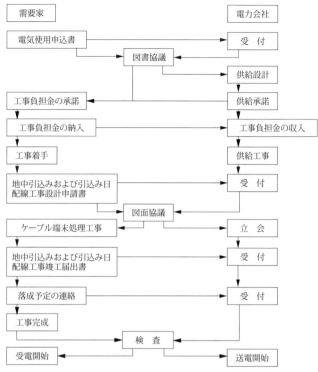

図33 電力会社への手続きの例

## 15.3 制約条件の確認

設計図書や総合施工計画書の精読、各工事担当者との打合せや調整などにより、必要な情報を把握する。

●**工事用電気設備**

工事用電気設備計画は、ムリ、ムダ、ムラのない電力供給、盛替えが少ない分電盤の配置や配線など、経済的で合理的なものでなければならないが、
①本設の電力や電話の引込み位置、受変電設備の位置（仮設から本設への切替え工事が支障なく容易に行えるような配慮）
②各工事段階で使用する工事用機器の使用位置（工事用電力負荷の中心付近への受変電設備の配置、送電線長さによる電力損失の低減）

などについて確認する。

●**情報通信設備**

情報通信設備は、本設工事に支障が生じないように設備の配置や配線を行うので、
①本設の電話の引込み位置（本設工事に影響しないよう配慮）
②工事の進捗にともなって変化する現場の状況（放送用スピーカー、インターホン、WEBカメラなど、場内連絡用端末設備の工事段階ごとの配置を検討）

などを確認する。

## 15.4 計画上の留意点

### ●仮設電気設備

#### [受変電設備]

使用期間が1年以上の契約は本設と同じ「実量制」になり、契約種別は「高圧電力A」または「高圧電力B」になる。低圧では「従量電灯B」または「従量電灯C」と「低圧電力」の組合せになる。

1年未満の工事では「臨時電力」契約となり、契約容量などにより臨時電灯A・B・C、臨時電力の種別がある。料金体系は1年以上の一般契約よりも約2割ほど割増しになる。しかし、1年以上の工事であっても、短期間の電力使用であれば、「臨時電力」契約を併用することが有利な場合もある。

「実量制」（各々の月の契約電力をメータで計量した過去1年間の最大需要電力により決定する契約方法）になったことにより、作成した工事用電力使用工程表に従ってトランス容量や契約電力を段階的に上げる従来の計画手法の意味がなくなった。現在は大規模工事を除いて、仮設電力需要の最大値でトランス容量を決め、基本的には、工事完了まで変更しない計画手法に変わっている。したがって、鉄骨工事における現場溶接作業など、短期的な電力需要の変動を確認しながら、短期的な電力需要の増加には、エンジン付き発電機の使用や「臨時電力」契約を併用するなどして対応することが多い［表3］。

| 用途 | 契約種別 | 契約方式 |
|---|---|---|
| 事務所（小規模） | 従量電灯B、C<br>臨時電灯A（未計器）<br>臨時電灯B、C | 回路契約<br>主開閉器契約 |
| 事務所（大規模） | 高圧電力A<br>（工事用の付帯設備として） | 受電設備契約 |
| 工事用電灯（小規模） | 従量電灯B、C<br>臨時電灯 | 回路契約<br>主開閉器契約 |
| 工事用電力（小規模） | 低圧電力<br>臨時電力 | 主開閉器契約 |
| 工事用電力、電灯<br>（大規模） | 高圧電力A、B | 受電設備契約 |

表3　契約種別

着工初期段階の杭地業工事や山留め壁の造成工事では、多量の電力を使用し、その査定で契約電力が決められるので、以降、該当工事完了後の1年間は、過大な基本料金を支払うことになる。各月の契約電力は、1年間の実績の最大需要電力により決定されるので、着工初期の大きな電力需要にはエンジン付き発電機で対応し、契約電力が過大に設定されることを回避するこ

■ポイント
電気料金をコストダウンする1事例として、短期的な電力需要の増加に対しては、エンジン付き発電機の採用がよい。

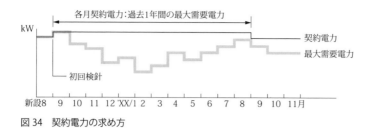

図34 契約電力の求め方

とが必要である［図34］。

[幹線、分電盤]

受変電設備や分電盤の配置、配線ルートは、工事の進捗に支障が生じないことを第一条件として、各工事の担当者や作業員と調整のうえ決定する。また、工事の都合による設備の変更は分電盤以降の変更で対応する。

仮設工事費の削減のために、分電盤を各階に設置するより、隔階に設置することも多いが、作業内容をよく検討し、生産性を低下させない配慮も必要である。幹線は、扱いやすさから100mm²以下のサイズが多用されているが、最大でも150mm²以下とすることが望ましい。さらに大きなサイズを必要とする場合は100mm²ダブルで対応することもある。また、ケーブルの許容電流は温度上昇で決まるため、「3芯ケーブル」ではなく、放熱面積が多い「単芯3条」または「トリプレックスケーブル（単芯3本撚り線）」を採用して許容電流を大きくとり、サイズダウンによる工費削減を図ることも検討する。

幹線の立上げルートの配置には、本設工事に支障のない位置を選ぶために苦労することが多い。在来工法によるマンション工事ではテラス（ベランダ）に立ち上げることが多い。また、本設工事用のEPSを利用する方法も考えられるが、幹線ケーブル敷設後に防火区画処理を行うために、仮設用ケーブルの処理方法に留意しなければならない。

[照明]

作業用の照明は、基本的には蛍光灯器具かLED照明を採用し、天井が高く大空間の部分には水銀灯など高輝度放電ランプを採用する。以前は小部屋には白熱灯器具を採用することもあったが、最近ではレンタル各社により、容易に移動できる投光器、蛍光灯スタンド、LEDライトなどが扱われるので、小部屋ごとの作業用照明として多用されている。

一般的には、分電盤のブレーカにより照明の点滅を行うことが多いが、現場事務所からのリモコン制御による方法も採用されている。仮設工事費は増えるが、管理が容易になるなどのメリットがある。

過去には、躯体埋設のFケーブル配線が多かったが、工業化（ハーフPCa化）や埋込みによるコンクリート面へのクラック発生や、構造体内に打ち込

■ポイント
幹線をコストダウンするには、許容電流の大きな材料を選定しサイズダウンする。

むことへの問題などから、露出配線や転がし配線が多くなっている。

[アーク溶接機]

アーク溶接機関連では、電源電圧の仕様およびアース線の位置を確認して供給する。特に、「単相200V＋アース線」を「3相3線200V」に接続したり、アース線を外部足場に接続したりするなど、あえて危険な状況にするような回路構成は避けるべきである［図35］。

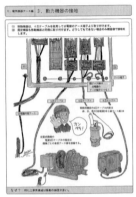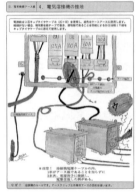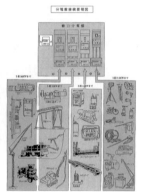

図35　仮設電気設備（建設業電気保安技術協議会）

● 情報通信設備

情報通信設備の工事は、仮設工事の担当者ではなく、専門部署や特定の専門会社に委託することが多い。作業所内（社内）LANシステムなどは社外秘扱いになることが多いので、JV工事や、複数の企業で構成される作業の情報通信システムでは、発注者や設計者を含めたセキュリティ対策として「各種情報に対するアクセスレベルの設定」などが重要なポイントになる。

---

参考文献・図版出典
・日本建築学会編『実務的騒音対策指針　第二版』技報堂出版　1994年
・大屋準三著『建築仮設の実務：3　図解－乗入れ構台計画』彰国社　1980年
・労働新聞社編『安全法令　ダイジェストテキスト版』労働新聞社　2003年（図27）
・彰国社編『施工計画資料集成　施工計画ガイドブック　仮設編』彰国社　1983年（図31）
・建設業電気保安技術協議会編『工事用電気設備必携』建設業電気保安技術協議会　1998年（図33、表3、図34）
・建設業電気保安技術協議会監修『絵で見る現場の電気』　1997年

# 足場計画

**1** 足場の目的と機能

**2** 設計図書の確認

**3** 計画上の留意点

**4** 足場の計画

**5** 無足場工法

# 1 足場の目的と機能

　足場は高所作業のための作業床として設ける。超高層ビルなどでは外部足場を設けない工法（無足場工法）が採用されるが、ほとんどの建設工事では外部足場が必要である。また、ホールなどの大空間では、棚足場の設置や高所作業車が使用される。さらに、すべての作業所で、躯体工事や仕上工事においても、内部足場として、単管やシステム化された足場のほか、脚立足場可搬式作業台、移動式作業台などが使用される。足場計画の良否は作業能率や安全性ばかりでなく、品質、利益、工期に大きく影響するので、工事内容や施工条件を十分に理解して、適切な計画を立てなければならない。

　足場の機能は、

①工事のための作業床

②作業員の移動（水平・垂直）のための通路

③敷地内外の危害防止、または工事による周辺環境への影響の低減

などであるが、同時に複数の機能を求められることが多く、危険性の防止や影響の低減のためにのみ設置される解体工事の足場などは、主に養生のための設備と考えてよい。

　足場の材料は、鋼管または鋼管を素材とした加工品が大半を占め、副資材を整備して、システム化された足場材として供給されている。また、作業の内容や条件によっては、自動昇降足場や高所作業車のように機動性の高い足場も使用されている。

## 2　設計図書の確認

　適切な足場を選定するために、設計図書を精読して、
①躯体の構造と施工法
②仕上げの種類と施工法
③壁面（天井面）の高さ
④各施工法の作業姿勢
⑤各作業と機械器具の関わり方
⑥各作業手順の危険要因の抽出
などを確認し、足場の要否、使用する足場の構造、材料など基本方針を決定する。さらに、
①外壁面と敷地境界との距離
②足場設置位置の床仕上げ（仕上げ、下地、防水の有無など）
③施工時期と設置期間
を確認し、総合的な（足場の種類、構造、材料、基部の支持条件、設置時期、盛替えや撤去の時期などを考慮した）足場計画を検討する。外壁にセットバック部分があったり、設置位置の仕上げ高さが複雑で作業量が多い場合は、足場の計画はむずかしくなる［図1］。

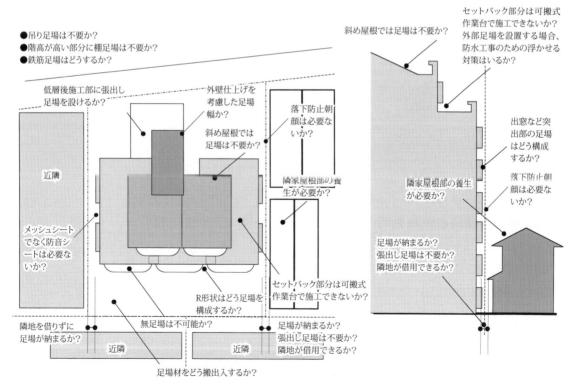

図1　設計図書から読み取ること

# 3 計画上の留意点

## 3.1 関係法令、技術基準

　足場の関係法令には労働安全衛生法、労働安全衛生規則があり、遵守すべき最低限の基準が規定されている。また、日本建築学会の「建築工事標準仕様書・同解説 JASS 2 仮設工事」をはじめ、建設業労働災害防止協会のテキスト、仮設工業会の足場に関する諸基準などには、技術基準が詳述されている［表 1］。足場の総合的な計画が設定された後、それらの関係法令や技術基準に適合させる作業が大切である。なお、監督官庁（厚生労働省）の出先機関である労働基準監督署の指導事項は、各管轄で微妙に異なる場合があるので注意を要する。

| 項目 | 労働安全衛生規則 | JASS 2 | JIS | 建設業労働災害防止協会 |
|---|---|---|---|---|
| 手摺の構造寸法 | 85cm 以上 | 95cm 以上 | — | 第 1 種：95cm 以上<br>第 2 種：90cm 以上<br>中桟、幅木を設ける |
| 枠組足場の 1 層 1 スパンの積載荷重 | — | W1200：500kg<br>W900：400kg<br>W600：250kg | — | W1200：500kg<br>W900：400kg、370kg<br>W600：250kg |
| 単管足場、壁つなぎの間隔 | 水平：5.5m 以下<br>垂直：5.0m 以下 | 水平 5.5m 以下<br>垂直 5.0m 以下 | — | 水平：5.5m 以下<br>垂直：5.0m 以下 |
| クランプの滑り強さ | — | — | せん断直交 4.9kN<br>自在 3.43kN | せん断 3kN<br>（直交・自在） |
| 枠組足場の壁つなぎ間隔 | 水平：8.0m 以下<br>垂直：9.0m 以下 | 水平：8.0m 以下<br>垂直：9.0m 以下 | — | 水平：8.0m 以下<br>垂直：9.0m 以下 |
| 鋼管足場の建地間隔 | 桁行：1.85m 以下<br>梁間：1.5m 以下 | 桁行：1.85m 以下<br>梁間：1.5m 以下 | — | 1.8m 以下<br>1.5m 以下 |
| 登り桟橋勾配 | 30°以下 | — | — | 30°以下 |

第 1 種：荷揚げ開口部、作業道路の踊場など
第 2 種：作業床道路

表 1　足場の技術基準

## 3.2 足場の種類と使用目的

　足場は構造や形式によって、本足場、一側足場、棚足場、吊り足場、張出し足場、機械足場などに分類される［図 2］。

■ポイント
最近は「くさび緊結式足場」の採用が増えている。

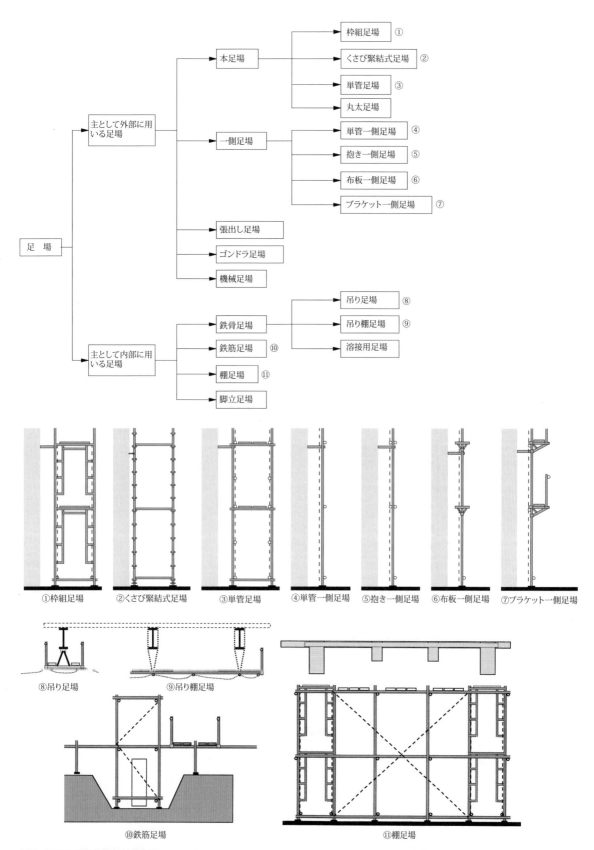

図2　足場の使用位置による分類

## 3.3 足場の仕様、材料

### ●鋼管

鋼管足場には一般構造用炭素鋼鋼管（STK500）が使われる［表2］。

一般構造用炭素鋼鋼管 STK500（JIS G 3444 2015 年）

| 外径<br>(mm) | 厚さ<br>(mm) | 重量<br>(kg/m) | 参考 | | | |
|---|---|---|---|---|---|---|
| | | | 断面積（cm²） | 断面二次モーメント<br>（cm⁴） | 断面係数（cm³） | 断面二次半径<br>（cm） |
| 21.7 | 2.0 | 0.972 | 1.238 | 0.607 | 0.560 | 0.700 |
| 27.2 | 2.0 | 1.24 | 1.583 | 1.26 | 0.930 | 0.890 |
| | 2.3 | 1.41 | 1.799 | 1.41 | 1.03 | 0.880 |
| 34.0 | 2.3 | 1.80 | 2.291 | 2.89 | 1.70 | 1.12 |
| 42.7 | 2.3 | 2.29 | 2.919 | 5.97 | 2.80 | 1.43 |
| | 2.5 | 2.48 | 3.157 | 6.40 | 3.00 | 1.42 |
| 48.6 | 2.3 | 2.63 | 3.345 | 8.99 | 3.70 | 1.64 |
| | 2.5 | 2.84 | 3.621 | 9.65 | 3.97 | 1.63 |
| | 2.8 | 3.16 | 4.029 | 10.6 | 4.36 | 1.62 |
| | 3.2 | 3.58 | 4.564 | 11.8 | 4.86 | 1.61 |
| 60.5 | 2.3 | 3.30 | 4.205 | 17.8 | 5.90 | 2.06 |
| | 3.2 | 4.52 | 5.760 | 23.7 | 7.84 | 2.03 |
| | 4.0 | 5.57 | 7.100 | 28.5 | 9.41 | 2.00 |

長さと重量（例）

| 長さ(m) | 重量(kg) |
|---|---|
| 6.0 | 16.4 |
| 4.0 | 10.9 |
| 3.5 | 9.6 |
| 3.0 | 8.2 |
| 2.0 | 5.5 |
| 1.5 | 4.1 |

断面性能（2015 年改定以前の断面性能）

| 足場鋼管の断面諸係数 | |
|---|---|
| 断面 | $\phi$ 48.6 × 2.4mm |
| 断面積（A） | 3.48cm² |
| 断面二次モーメント（I） | 9.32cm⁴ |
| 断面係数（Z） | 3.83cm³ |
| 断面二次半径（i） | 1.64cm |

許容応力度（STK500）

| 引張<br>(N/mm²) | 圧縮<br>(N/mm²) | 曲げ<br>(N/mm²) | せん断<br>(N/mm²) |
|---|---|---|---|
| 217 | 217 | 217 | 125 |

表 2　鋼管の規格、性能

### ●角鋼管

吊り足場などに使用される角鋼管には一般構造用角形鋼管（STKR400）が使われる。50mm 角鋼管が一般的で、長さは 6m、7m、8m のものが使いやすい。しかし、型枠支保工用の構台などでは、100mm 角鋼管を使用する場合も多い［表3］。

| 寸法（mm） | | 単位重量<br>(kg/m) | 断面積<br>(cm²) | 断面二次モーメント<br>(cm⁴) | 断面係数<br>(cm³) | 断面二次<br>半径（cm） |
|---|---|---|---|---|---|---|
| 辺の長さ | 厚さ | | | | | |
| 50×50 | 2.3 | 3.34 | 4.252 | 15.9 | 6.34 | 1.93 |
| 60×60 | 2.3 | 4.06 | 5.172 | 28.3 | 9.44 | 2.34 |
| 100×100 | 2.3 | 6.95 | 8.852 | 140.0 | 27.90 | 3.97 |

許容応力度（STKR400）

| 引張（N/mm²） | 圧縮（N/mm²） | 曲げ（N/mm²） | せん断（N/mm²） |
|---|---|---|---|
| 157 | 157 | 157 | 90 |

表3　角鋼管の規格、性能（JIS G 3466）

● 足場吊りチェーン

　足場用の吊りチェーンには、6mmリンクを電気抵抗溶接したものが使われるが、リンクが伸びたものは使用できない。破断荷重は17.6kN（抜取試験による5本の破断荷重の平均値）以上であるが、許容荷重（仮設工業会）は1本吊りで2.35kN、ループ吊り（2本吊り）で4.21kNで強度を検討する［図3］。

● 緊結金具（クランプ）

　クランプには直交型、自在型があり、φ48.6とφ42.7の2種類の鋼管に適用するものがほとんどである。特殊なものとして三連クランプ（直交、自在）などがあり、抱き一側足場などに使用されることがある。

　クランプを締め付けるボルトには3/8インチ（9.5mm）と5/16インチ（8mm）とがあり、適切な締付けトルクが定められているが、専用工具を使用しないと正しい緊結力が得られないので注意を要する。また、クランプの滑り強さは変形を認める場合と認めない場合とで異なる［表4］［表5］。

● 吊りチェーンの廃棄基準

チェーンの伸びの計り方：
$L' \geqq 1.05L$のとき使用不可

φ6mmの場合はφ5.4mm
以下使用不可

● 吊りチェーンの許容荷重について

製造時にわずかでもリンク溶接部に不良があった場合を考え、吊りチェーン1本当りの許容荷重について、認定検査の平均値17.6kNの2/3を保証破断荷重とみなし、さらに安全率5として定めている。
1本吊り：$17.6\text{kN} \times \frac{2}{3} \div 5 =$
2.35kN
ループ吊り：4.21kN
としている。

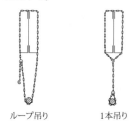

ループ吊り　　1本吊り
チェーンの吊り方

図3　チェーンの規格、性能

| φ42.7用 | 直交クランプ | ※90度に角度が固定される。 |
|---|---|---|
| | 自在クランプ | ※任意の角度に固定できる。 |
| φ48.6用 | 直交クランプ | |
| | 自在クランプ | |
| φ42.7、φ48.6<br>の異径兼用 | 直交クランプ | |
| | 自在クランプ | |

最近はほとんどが兼用クランプになっている。
表4　クランプの種類

| | | 計算用滑<br>り強さ | 最大滑り<br>強さ |
|---|---|---|---|
| A | 変形をある程<br>度認める場合<br>（風荷重、地<br>震力等） | 8.82kN<br>(5.88kN) | 14.7kN<br>(9.8kN) |
| B | 変形を認めな<br>い場合<br>（5mm以下）<br>（積載荷重・固<br>定荷重等） | 2.94kN<br>(2.02kN) | 4.9kN<br>(3.43kN) |

（　）内は自在クランプ、太字は直交クランプ
使用するクランプの種類によって許容耐力は異なるので、カタログ等で確認すること。一般的なクランプでは、直交クランプで4.90kN、自在クランプで3.43kNの許容耐力である。

表5　クランプの滑り強さの例

● 単管ジョイント

単管ジョイントは、単管を長手方向（同一軸上）に接合する金具で、単管の端部に差し込み、回転させて接合する。せん断型の許容引抜き力は1tである［図4］。

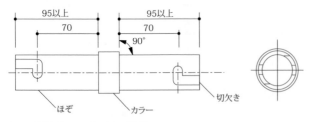

図4　単管ジョイント（せん断型）

ほかに、抜け止め機構が圧着方式のボンジョイントは、その他の抜け止め機能がなく、引張強度が低いため、厚生労働省より禁止されているので注意を要する。

● ベース金具

建地の脚部に取り付け、支持地盤や構造物に接する部分の支圧面積を拡大する金具である。建地の脚部に差し込み、回転させて接合するが、ネジジャッキハンドルで高さを調整できるものと、固定式とがある［図5］。

● 足場板

足場板には木製と金属製とがある。木製の足場板には、松などの針葉樹を用いた挽き板と、アピトン（南洋材、耐久性は比較的高く、重硬な性質をもち、水や湿気にも強い）などの硬い材料を積層加工した合板とがあるが、品質の安定した合板が多用されている［図6］［表6］。

金属製の足場板には、鋼製とアルミニウム製とがある［図7］［図8］。

● 足場ブラケット

足場ブラケットは、単管足場や一側足場の作業床の支持に使用する［図9］。

■ポイント
ボンジョイントの使用は労働安全衛生法違反となる。
基安安発第1203001号

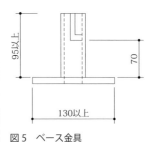

図5　ベース金具

図6　合板足場板

| スパン（cm） | | 900 | 1,200 | 1,500 | 1,800 | 2,100 | 2,400 |
|---|---|---|---|---|---|---|---|
| 厚さ36mm×幅210mm | （kN） | 2.19 | 1.63 | 1.30 | 1.07 | 0.91 | 0.79 |

＊荷重はスパン中央の集中荷重
表6　合板足場板の安全荷重例

図7　アルミニウム製足場板の一例

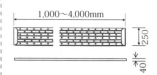

図8　鋼製足場板の一例

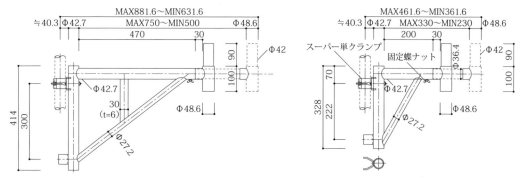

図9 足場ブラケットの一例（提供：朝日機材）

●規格鋼製枠組足場

　鳥居型の建枠、布板、筋かいなどを組み合わせて使用する足場材のトータルシステムとして開発されたもので、ほとんどの本足場に使用されている。継手金具、ベース金具、補助金具、手摺、階段、梁枠など多くの部材で構成されている［図10］。

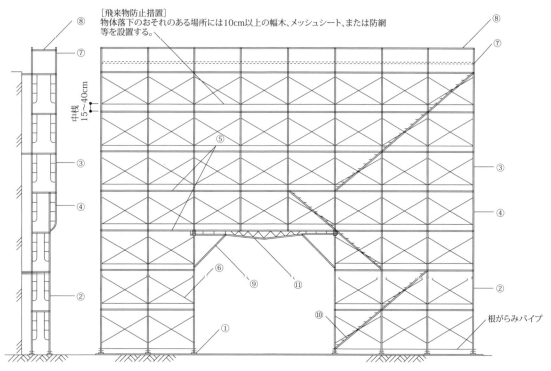

①ベース　②建枠　③建枠　④異形枠　⑤布板　⑥ブレース　⑦手摺柱　⑧手摺　⑨方づえ　⑩階段　⑪梁枠

図10　鋼製枠組足場の構成

足場計画　137

メーカーは数社あり、枠組支保工部材として共用できる製品など、それぞれに特徴はあるが、基本的な構成は類似している。鋼製枠組足場に使用している鋼管の断面性能と建材の強度を示す［図11］［表7］。

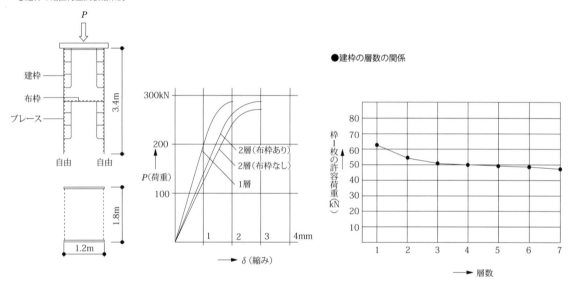

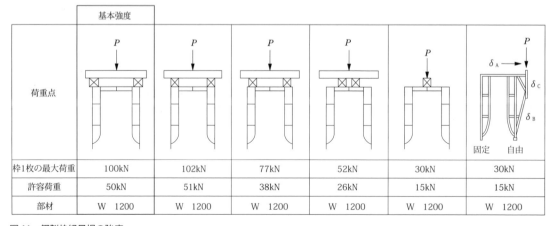

図11　鋼製枠組足場の強度

| 種類 | 寸法（mm）外径 | 寸法（mm）厚さ | 重量 (kg/m) | 断面積 (cm²) | 断面係数 (cm³) | 断面二次モーメント (cm⁴) | 回転半径 (cm) |
|---|---|---|---|---|---|---|---|
| 3種 STK-500 | 48.6 | 2.3 | 2.63 | 3.34 | 3.70 | 8.99 | 1.64 |
|  | 42.7 | 2.3 | 2.29 | 2.92 | 2.80 | 5.97 | 1.43 |
| 3種 STK-500 2種 STK-400 | 34.0 | 2.3 | 1.80 | 2.29 | 1.70 | 2.89 | 1.12 |
|  | 27.2 | 2.0 | 1.24 | 1.58 | 0.93 | 1.26 | 0.89 |
|  | 21.7 | 2.0 | 0.97 | 1.24 | 0.56 | 0.61 | 070 |

表7 鋼製枠組足場に使われる鋼管

● くさび緊結式足場

　この足場は、一定間隔に緊結部を備えた鋼管を建地とし、緊結部付きの水平材、斜材等を建地の緊結部にくさびで緊結し、床付き布枠を作業床としたユニット化された足場である［図12］。鋼製枠組足場に比べて、足場の有効幅が広く、足場上での作業性も良いため、最近の使用例は増加傾向にある。また、鋼製枠組足場とともに、足場からの墜落災害防止のための手摺先行工法に対応したシステム事例が多くなってきている［写真1］。

■ポイント
くさび緊結式足場は「くさび緊結式足場の部材及び附属金具」の認定基準に適合し、認定を受けた部材を使用し、組み立てられる足場をいう。

■ポイント
仮設エレベータ取付け部などの水平力を受ける部分では揺れが大きく、変位抑制としての補強をすることが望ましい。

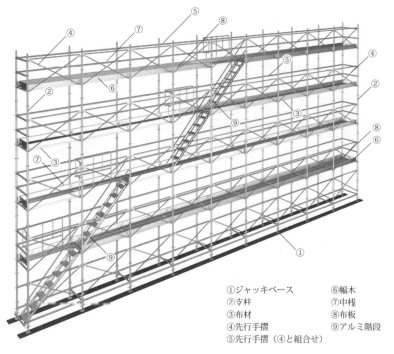

①ジャッキベース　⑥幅木
②支柱　　　　　　⑦中桟
③布材　　　　　　⑧布板
④先行手摺　　　　⑨アルミ階段
⑤先行手摺（④と組合せ）

図12　くさび緊結式足場の一例（提供：アルインコ）

写真1　先行手摺工法（提供：アルインコ）

● 壁つなぎ

　壁つなぎには専用の製品を使用するのを原則とする。取付け角度により耐力が左右されるので、足場と直交した取付け状況の確認が重要である［図13］［写真2］［表8］。

●労働安全衛生規則第563条関係

■ポイント
・幅は40cm以上とする
・床材間の隙間は3cm以下とする
・床材と建地との隙間は12cm未満とする

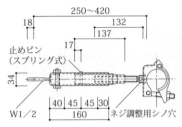

図13　壁つなぎの例

写真2　壁つなぎ（鉄骨用）

| 名称 | 取付長 (mm) | 圧縮破壊強さ（kN） 取付け角度 0° | 圧縮破壊強さ（kN） 取付け角度 30° | 引張破壊強さ (kN) |
|---|---|---|---|---|
| A社 | 600 | 21.00 | 12.00 | 22.00 |
| B社 | 350 | 11.00 | 8.50 | 17.00 |
|  | 500 | 6.50 | 3.00 |  |

表8　壁つなぎの強度例

■ポイント
壁つなぎの取付け角度が直交から外れるに従い著しく耐力が低下するので、直交するような納まりとする。

● **落下防止朝顔**

朝顔は飛来落下物による災害を防止するために設ける防護棚で、使用する部材は規格の外部足場システムに組み込まれている［図14］［写真3］。

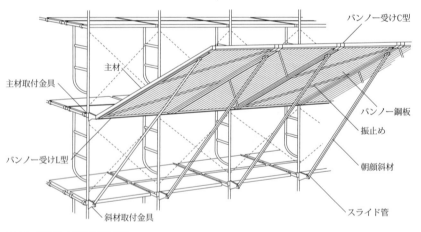

図14　落下防止朝顔の構成例

写真3　落下防止朝顔（提供：アルインコ）

● **養生枠と防音パネル**

養生枠と防音パネルは足場に取り付けるが、規格の外部足場システムとして組み込まれている。防音パネルは主に解体工事で採用されている［図15］。

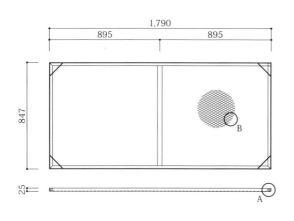
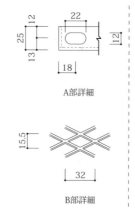

図15 養生枠（提供：朝日機材）

● 吊り枠

　吊り枠足場に使用する吊り枠には多くの製品があり、鉄骨からの吊り方、布板の架け方、材質などいろいろである［表9］［写真4］［写真5］。

| 強度等 | | |
|---|---|---|
| たわみ試験 | たわみ量（鉛直荷重3.92kN時）30mm以下 | |
| 曲げ試験 | 鉛直荷重最大値9.81kN以下 | |
| 水平移動試験（手摺柱） | 水平荷重の0.78kN時、100mm以下 | |

表9　吊り枠の認定基準（仮設工業会）

写真4　吊り枠の種別（鉄骨造用）

写真5　吊り枠の種別（鉄骨鉄筋コンクリート造用）

● 脚立

　脚立には鋼製とアルミニウム合金製があるが、軽くて扱いやすいアルミニウム合金製が多用されている。アルミニウム合金製脚立は、

①開脚状態の垂直高さは、2m未満であること
②天板の大きさは、長さ30cm以上、幅12cm以上であること
③最上段の踏み桟の有効長さは30cm以上とし、踏み桟の間隔は開脚状態の垂直距離で35cm以下、かつ等間隔であること
④踏み桟の幅は5cm以上であること
⑤天板および踏み桟の踏面は、滑り止め機能を有していること
⑥支柱の開脚角度は75度以下、昇降面支柱角度は85度以下であること
⑦支柱の下端には、防滑性の高い支柱端具を備えること

●労働安全衛生規則第528条

⑧天板の長さ方向の両端部には、足場板脱落防止用の高さ3m以下のストッパーを有していること

などの構成上の条件を満足しなければならない［図16］。

　使用上の留意点としては、
・天板での作業は簡単にバランスを崩しやすいので禁止
・昇降時は荷物を手に持たない

などがあげられる。

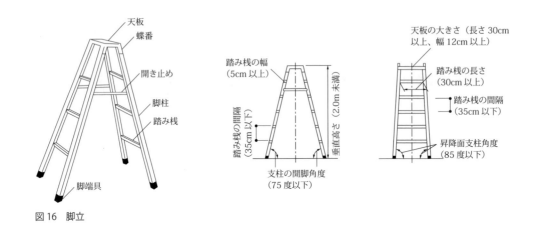

図16　脚立

## ●可搬式作業台

　建設業における、はしごや脚立からの墜落・転落災害が多く、脚立に代わる作業台として、一体式で手摺があり、4脚調整式の可搬式作業台が多用されている。

　使用上の留意点としては、
①天板高さ700mm以上は、手掛かり棒を設置することが望ましい
・主脚のストッパーを確実にロックする
・手掛かり棒を確実にロックする
・延長脚のストッパーを確実にロックする
②天板高さ1,500mm以上は、補助手摺または感知バーを設置することが望ましい

などがあげられる。

　禁止事項としては、
・背を向けて昇降しない
・不安定な場所で使用しない（天板が斜めの状態など）
・同時に2人以上で使用しない
・不安定な姿勢で作業しない（身を乗り出しての作業など）

などがあげられる［写真6］。

写真6　可搬式作業台

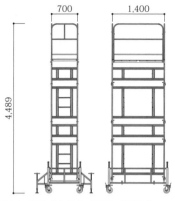

図17 移動式作業台（提供：菅機械）　　写真7 移動式作業台（提供：菅機械）

● 移動式作業台

　メーカー各社でシステム化されたアルミ合金製の作業台があるが、天板高さ2.0mを超えるものが多く、安全帯使用が条件となる［図17］［写真7］。禁止事項としては、可搬式作業台と同様である。

● 労働安全衛生規則第518条、第520条

## 3.4 暴風対策

　足場に加わる最大の荷重は暴風時の風荷重である。暴風や突風により足場の倒壊事故を招くことがあるが、事故による被害は想定以上に大きいので、安全率を高めて防止しなければならない。

　風圧力に抵抗して足場を支持するのが壁つなぎであり、関係法令によって、足場の種類に応じた壁つなぎの間隔が規定されている。しかし、暴風時には、養生シートや防音パネルを張った足場では、大きな風圧力を受け、壁つなぎの強度が不足する。養生施設の立地条件（臨海部、市街地など）や周辺建物の近接条件などに応じて、強度検討により安全性を確認するとともに、

① 強風が予測されるときには、シート類はたぐり寄せて、風を受けて広がらないように緊結する

② 強風がおさまった後は、足場の各部を点検し、壁つなぎに緩みがあれば締め直す

など、強風時の安全管理が必要である［表10］。

● 労働安全衛生規則第569条、第570条

| 足場の種類 | 垂直方向（m） | 水平方向（m） |
|---|---|---|
| 枠組足場 | 9 | 8 |
| 単管足場 | 5 | 5.5 |
| 丸太足場 | 5.5 | 7.5 |

表中の値は地域性、季節、足場の高さ、躯体との間隔、壁つなぎの取付け角度、ネットやシートの有無など一切考慮されていない。一方、市街地工事ではほとんどがネットやシートが張られているので、個別条件のもとで適切な壁つなぎ間隔を計算で確かめる必要がある。
表10　壁つなぎの間隔（安衛則569条、570条）

足場計画　143

しかし、年間の暴風による最大風速の約50％は、春一番などによるものである。特に防音パネルでは撤去する時間的な余裕は少ないため、解体工事などで防音パネルを使用している場合には、暴風に耐えるように、壁つなぎを増設しておくことが望ましい。

## 3.5 養生施設

墜落や飛来落下による事故を防止するために、足場の計画に関連した養生の方法を検討する。

### ●鉄骨建方および本接合時の水平養生

作業員の墜落や、ボルトや工具の落下を防止するために、2層に1層程度の割合で、吊り足場に水平ネット（ラッセル、安全ネット）を張る。ただし、各階で作業が行われる場合は、すべての階に墜落防止のための水平ネットが必要である。さらに、柱回りには隙間ができやすいので、特注のネットを使用する。

### ●外部足場の垂直養生

足場外面には、墜落や飛来落下の防止のために、防網やシートを張ることが多い。墜落や飛来落下の防止に限定されるときは、メッシュシートが多用されるが、防音や防塵の機能も必要であれば、防音シートや防音パネルを設置する。

道路に面する部分で、足場が境界に接近している場合は、高さ10m以上の足場では1段以上、高さ20m以上では2段以上の落下防止朝顔を設置する。朝顔は地上からの高さ10m以下（一般には4〜5m）の箇所に1段目を設け、2段目以上では下段の朝顔から10m以内に設けることが望ましい［図18］。

無足場工法では、梁や柱に先付けした専用金物に張ったワイヤなどを下地にして、垂直養生ネットなどを張る。さらに床の端部には手摺や幅木を設けて、墜落と飛来落下を防止する［図19］。

■ポイント
暴風に耐えるように壁つなぎを増設する場合、条件ごとに計算によって求めるが、目安として30％程度の増設となる。

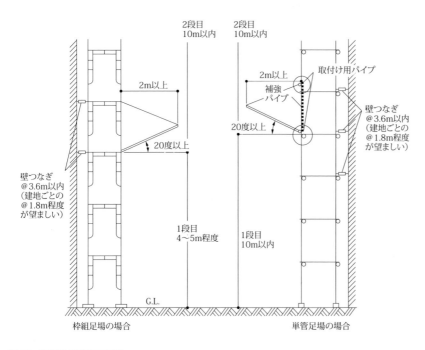

図18 落下防止朝顔の設置

■ポイント
落下防止朝顔の設置基準は、建設工事公衆災害防止対策要綱による。

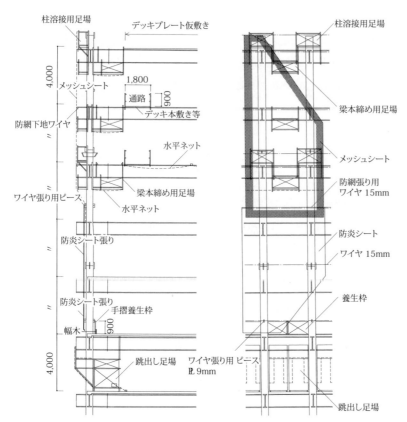

図19 無足場工法の防網

足場計画 145

# 4 足場の計画

## 4.1 鉄筋足場 (地足場)

基礎躯体の施工では、最初に、レベルコンクリート上に鉄筋を組み立てるが、鉄筋の形状や配筋精度確保のために、また、材料の搬入通路として必要なのが鉄筋足場である。地盤に組み立てるので地足場の名があるが、型枠組立やコンクリート打設、鉄骨のアンカーボルト設置などの作業にも兼用する。

鉄筋組立の作業手順を十分に理解したうえで足場の計画を検討するが、柱筋を先に組む場合には、柱回りのかご足場を組み、通路や地中梁受けのパイプで一体化する方法が採用される。高層ビルなどの場合は、地中梁の断面が大きく、剛性も高いために、先に組んだ梁筋に柱筋を植え込む方法も採用されるので、梁筋を支持する足場が採用されることが多い。

鉄筋足場は、コンクリート打設時の衝撃や振動の影響を受けないように、縁を切るか強固な控えを設けるなどの処置が必要である。また、基礎梁が大きい場合には、躯体内に埋め込む配筋架台で鉄筋を支持する。

耐圧スラブを貫通する建地パイプはコンクリート打設前に撤去するか、スリーブ等を設けてコンクリートに埋め込まれるのを防ぎ、後日、防水処理を行うなどの工夫が必要である［図20］［図21］。

**■ポイント**
躯体内に埋め込む地中梁鉄筋組立架台は、梁幅や梁成にあった商品があり、取付けが簡便であるうえ安全性も良好である。

## 4.2 吊り足場 (吊り棚足場、吊り枠足場)

吊り足場は作業床を鉄骨架構から吊る形式の足場で、鉄骨工事の本接合(高力ボルト締め、現場溶接)、梁の鉄筋の先行組立、検査点検などの作業に使用する。

足場の自重、作業員、積載する材料や工具の重量、風の吹上げ・吹下ろしなどによる荷重に対し、十分に安全でなければならない。高い位置で重要な作業を行うための施設なので、作業員が不安を感じないように、安全に対する万全の処置が必要であり、墜落防止や飛来落下防止のための安全施設をあわせ設置する。

吊り棚足場と吊り枠足場の2種類があるが、総作業量や作業位置の分布状況に応じて選定する。過去には、鉄骨鉄筋コンクリート造では吊り棚足場を採用することもあったが、最近は、吊り枠足場を採用することがほとんどである。

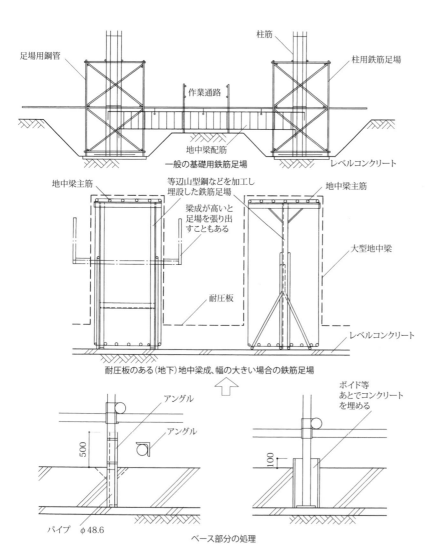

■ポイント
梁成が高い場合、あばら筋を高さ方向に分割し、鉄筋足場を省略することが多い。

図20 鉄筋足場のタイプ

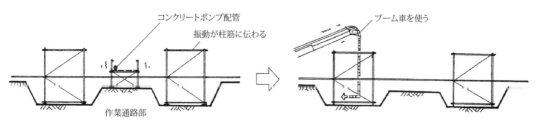

図21 振動を防ぐ工夫

## ●吊り棚足場

　吊り棚足場は、鉄骨からチェーンで吊った井桁状に配置した鋼管、または角鋼管に足場板を設置して作業床を形成する足場である。

　吊り棚足場の計画上の主な留意点は、以下のとおりである［図22］。

①桁の間隔は1.5〜1.8m程度とし、吊る高さ（作業床の高さ）は、鉄骨梁

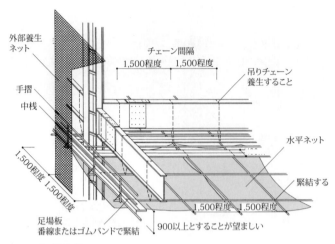

図22 吊り棚足場

下から50cm程度とする。

②根太の間隔は1.5〜1.8m程度とし、桁材に緊結する。

③鉄骨梁の両側に、足場板を隙間が生じないように配置して作業床とする。
　足場板は転用を行わず、移動や脱落が生じないように根太に緊結する。

④外周や開口部など作業床の端部には、墜落を防止するための手摺を設ける。

⑤足場全体の揺れを防止し、固定するためのつなぎ材を設ける。

⑥足場上では脚立やはしごを使用しない。

● 吊り枠足場

　吊り枠を鉄骨から吊り、床付き布板または足場板を敷いて作業床を形成する足場である。

　吊り枠足場の計画上の主な留意点は、以下のとおりである［図23］。

①原則として、作業床を含めて、地上で鉄骨に先付けし、高所での組立作業をできるだけ削減する。仮止めする補助部材は、吊り込み時に落下しないよう、十分に緊結する。

②各スパンの中央開口部は、水平ネットを張って、墜落防止を図る。

③吊り枠を取り付ける金物は工場で鉄骨に溶接し、現場溶接は避ける。

④取付けボルトは十分に締め付け、事後に点検を行う。

⑤積載荷重が1スパン当り200kgを超えないようにし、両側に均等に荷重が加わるよう配慮する。

## 4.3 棚足場

　棚足場は平面的に広がりのある作業床を支柱群で支持する形式の足場で、体育館やホールなど、階高が高く、天井面が広がりをもった建築物に用いら

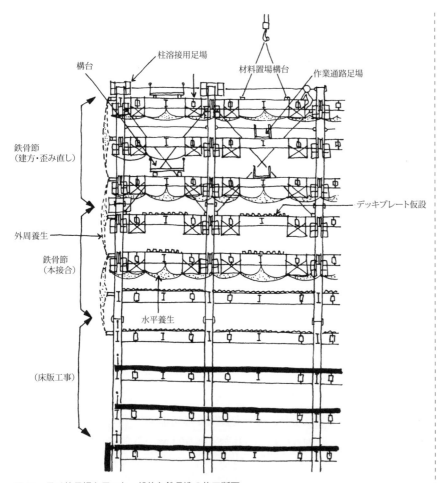

図23　吊り枠足場を用いた一般的な鉄骨造の施工断面

れるジャングルジム状の仮設構造物である。作業床を支持する支柱には枠組足場やくさび緊結式足場が使用されることが多いが、棚足場用のシステムとして開発された製品もある。基本的な構成は枠組足場や単管足場、くさび緊結式足場に準じている。

棚足場の計画上の主な留意事項は、

①壁つなぎ、床アンカー、筋かい、水平つなぎなどを設けて、水平方向の剛性を高める

②作業床の高さは、天井仕上げ作業、設備の配管配線作業、梁や床下作業など、各時期の施工状況や水平移動作業を想定して、もっとも効果的と思われる位置に設定する。必要に応じて、作業床を盛り替えることもあるが、天井面から160～175cm程度下方に設定するのが一般的である

③作業床には隙間が生じないように配慮する

④外周や開口部など、作業床の端部には墜落を防止するための手摺を設けるなどである［図24］。

■ポイント
躯体工事期間中は型枠支保工用足場とし、盛り替えて設備・内装工事用足場とすることがある。この場合、型枠支保工用足場については、スラブ・梁打設時の水平力に十分耐える構造にしなければならない。

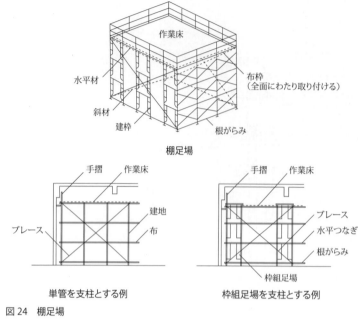

図24 棚足場

## 4.4 脚立足場

　脚立は単独で作業の足掛かりとしても使用されるが、脚立を使用する足場には、脚立に足場板を架け渡したうま足場と、脚立に根太(桁材)を架け渡して足場板を敷いた棚足場とがある。

● うま足場

　脚立を使用するうま足場の計画上の主な留意事項は、

①脚立の設置間隔は1.8m以下とする

②合板足場板は$bt^3/12 \geq 39$（b：合板幅（cm）、t：合板厚さ（cm））の要件を満たすものを使用する

③合板足場板には、幅20cm以上の合板や鋼製足場板などを用い、3点以上で結束固定し支持する。2点で支持する場合は脚立の踏み桟に固定する

④足場板は脚立の踏み桟の上で重ねる。重ねしろは20cm以上とし、天桟(最上部の踏み桟)に載せる場合は固定する

⑤足場板の端部の張出しは10cm以上、20cm程度(足場板の長さの1/18以下)とする

⑥積載荷重は1スパン当り、安全荷重としてスパン1.8mで合板足場板1.07kN、鋼製足場板1.47kNとする

⑦足場板の高さは原則2m未満とし、高さ2m以上の位置で作業する場合は、親綱を張り安全帯を使用する

などである［図25］。

■ポイント
最近は、脚立によるうま足場の採用は少なく、脚立に足場板を敷き込んだ足場の代わりに、可搬式作業台を敷き込んだ足場を使用することが多い。

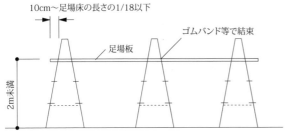

図25 脚立を使用するうま足場

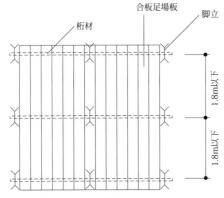

図26 脚立を使用する棚足場

### ●棚足場

脚立を使用する棚足場の計画上の主な留意事項は、
①足場板を支持する根太の間隔は1.8m以下とする
②両面式脚立の同じレベルの二つの踏み桟に架け渡す場合を除き、根太は踏み桟に固定する
③根太の端からの跳出し長さは10cm以上、20cm程度（足場板の長さの1/18以下）とする
④合板足場板には、幅20cm以上の合板（鋼製足場板）などを用い、3点以上で結束固定し支持し、2点で支持する場合は根太に固定する
である［図26］。

### ●移動式室内足場

脚立に代わる棚足場用として、システム化された製品があり、最近では多用されている。

比較的コンパクトでワイドな作業床が確保でき、作業床の高さも可変式で2m未満程度の調整が可能である。この足場を室全面に敷き並べることにより作業性のよい棚足場となる［写真8］。

■ポイント
最近はほとんど移動式室内足場になってきている。

写真8　移動式室内足場（左：収納時、右：配置時、提供：マキ工業）

## 4.5 本足場

　本足場は、2列の建地、布、腕木、筋かいなどで構成される。材料や構造の違いから、枠組足場、単管本足場、くさび緊結式足場、丸太足場に分類されるが、最近は、丸太足場はほとんど使われていない。

　構造は堅牢であるが、組立、解体に労力や時間を要するので、長期間にわたり多くの作業に共用する外部足場に使用する場合が多い。また、高さが必要な内壁の仕上足場などにも使用される。

　各足場の特性は、次のとおりである。

［枠組足場］
①組立、解体の能率がよい。
②組立精度がよい。
③耐力が大きく、許容設置高さは原則として45mである。
④不整形な外壁に設置することはむずかしい。
⑤材料運搬の能率は悪い。

［単管本足場］
①組立、解体の能率は悪い。
②組立精度を確保するには、高い技能が必要である。
③強度は高く、任意の補強が可能である。
④不整形な壁にも適応できる。
⑤材料の運搬能率はよい。
⑥作業床の整備と維持に手間を要する。

［くさび緊結式足場］
①単管足場に枠組足場の特性を付加している。
②部材がユニット化されており、ハンマー1本で組立、解体ができ、能率

はよい。

③建物の形状に比較的容易に対応できる。

④ビル工事用としては、許容設置高さは原則31m以下である。31mを超える場合は、31mを超える地上までの支柱は2本組みとする。

⑤材料の運搬能率がよい。

大規模で高い建物の工事では、枠組足場を主体にして、単管足場を補足的に使用し、小規模な建物や複雑な外壁形状の建物の工事では、単管足場を使用することが多い。

足場の幅（建地の前踏みと後踏みの間隔）は、設置スペース（外壁と敷地境界との距離など）、設置期間、作業の内容などに応じて、600mmから1,500mmまでの最適値を選定する。資材の供給基地から遠い作業所では広幅の枠組足場の採用を避け、折返しの階段を設置する箇所には1,200mmの幅を確保するなどの配慮が必要である［図27］［表11］［表12］。

■ポイント
最近は中規模の建物では、くさび緊結式足場を採用する事例が増えている。

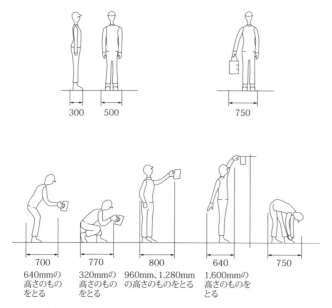

図27 基本動作のスペース

|  | 外壁躯体の工法 | 仕上げの工法と仕事量 | 工期、労務の需給 | 足場の幅 |
|---|---|---|---|---|
| 外壁工事 | パネル化して一方向締付けとする工法（型枠） | 外壁仕上工事が塗り仕上げで仕事量が多い | 工期がなく、職人を大量に動員する場合 | 1,200mm |
| | | | 一般の工期の場合 | 900〜1,200mm |
| | | 外壁仕上工事に塗り仕上げが少なく吹付け等軽微な作業のみ | 工期がなく、職人を大量に動員する場合 | 600〜900mm |
| | | | 一般の工期の場合 | 600mm |
| | 合板を積み上げていく工法（壁の出入り、役物が多い） | 外壁仕上工事が塗り仕上げで仕事量が多い | 工期がなく、職人を大量に動員する場合 | 1,200mm |
| | | | 一般の工期の場合 | 1,200mm |
| | | 外壁仕上工事に塗り仕上げが少なく吹付け等軽微な作業のみ | 工期がなく、職人を大量に動員する場合 | 900〜1,200mm |
| | | | 一般の工期の場合 | 900mm |

表11 足場の幅の参考値

| No | 作業 | 使用工具・材料 | 作業姿勢 | | | 適正寸法 | 備考 |
|----|------|----------------|----------|---|---|----------|------|
| 1 | 型枠の組立解体作業 | 鋸、げんのう、バール工具袋、すみつぼ等<br><br>型枠用合板・端太パイプ | A<br>700mm (W) | B<br>770mm (W) | C<br>1,200〜1,300mm (W) | ☆外壁をパネル化して端太パイプを一方向締付けするようなケースでは、外壁面から800mm程度で十分である（A、Bの作業姿勢のみ）<br>☆パネル化せずコンパネを積み上げ、解体する場合にはCの作業姿勢が加わるのでWは1,200mm程度は必要 | ・足場上には材料はなるべく置かない<br>・加工もスラブ上で行うこと |
| 2 | 鉄筋の組立作業 | ハッカー、鉄筋、番線結束線、圧接器具<br><br>（ガスボンベは除く） | A<br>900mm (W) | B<br>900mm (W) | C<br>900mm (W) | ☆足場上でCのような圧接作業は行わないよう計画することが望ましい<br>☆型枠作業ができれば、鉄筋組立作業はその幅で納まることが多い<br>☆900mm程度あれば可 | |
| 3 | モルタル塗り作業 | こて、はけ、バケツ、取舟、手板 | A<br>800mm (W)<br><br>D<br>700mm (W) | B<br>770mm (W)<br><br>E<br>540mm (W) | C<br>750mm (W)<br><br>F<br>500mm / 300mm<br>700mm<br>1,500mm (W) | ☆このような材料をある程度足場上に置いて作業をせざるを得ないものでは、Fのように1,500mm程度は必要である<br>☆それ以下の寸法とする場合は、取舟、材料等をまたいで移動せざるを得ない | |
| 4 | 吹付け作業 | 吹付け用ガン、塗料 | A<br>300〜500mm<br>700mm<br>1,000〜1,200mm | B<br>770mm | | ☆メーカー、吹付け材料によって吹付け距離が違う（300〜500mm）<br>☆1,000〜1,200mm程度で十分 | |

表12　各作業の必要スペース

外壁と敷地境界や隣接構造物との間隔が狭く、本足場の設置がむずかしい場合は、

①道路や隣地を借用する

②足場の種類を変更する

③足場を跳ね出す

などの方法で対応する［図28］。

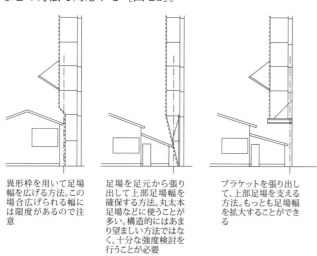

異形枠を用いて足場幅を広げる方法。この場合広げられる幅には限度があるので注意

足場を足元から張り出して上部足場幅を確保する方法。丸太本足場などに使うことが多い。構造的にはあまり望ましい方法ではなく、十分な強度検討を行うことが必要

ブラケットを張り出して、上部足場を支える方法。もっとも足場幅を拡大することができる

図28　足場の跳出し

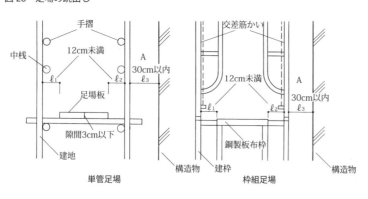

$\ell_3 > 30cm$ の場合

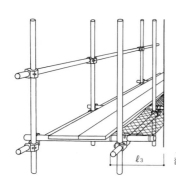

$\ell_3$ が30cm以上になるときは落下防止棚を設ける。

図29　外壁と足場との関係

足場計画　155

足場と外壁との間隙は30cm以下とするよう定められており、これを超える場合には落下防止棚を設けなければならない［図29］。

●枠組足場

枠組足場の計画上の主な留意点は、次のとおりである［図30］。

①高さは45m以下とする。

②建枠の間隔は1.85m以下、高さは2.0m以下とする。

③補強水平材は、最上層および5層間隔以内に設ける。ただし、剛性の高い布枠を設ける場合は、水平材は不要である。

④墜落防止措置として、高さ15〜40cmの位置に下桟を設けるか、高さ15cm以上の幅木を設ける。

⑤落下防止措置として、高さ10cmの幅木、またはメッシュシート防網等の設置がある。

⑥壁つなぎは専用の壁つなぎ金具を使用する。垂直方向は9m以下、水平方向は8m以下の間隔で配置し、第1段の高さは3層目以下とする（ただし、これは最大の間隔で、実際にはメッシュシート等が張られるので、これ以下となる）。専用の壁つなぎ金物を設けられないオーバーハング部等では

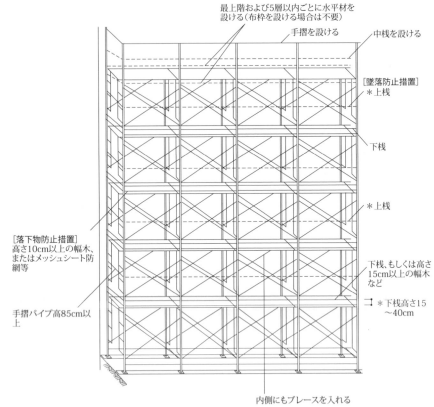

図30　枠組足場の構成

壁つなぎと同じ間隔で、引張りと圧縮に耐えうる単管パイプ等を躯体から取り付ける。
⑦建枠の脚部にはジャッキ型ベース金具を設け、敷板または敷角に釘止めする。また、必要に応じて、根がらみを設ける。足場を設置する位置の地盤が軟弱な場合は、所要の幅で、建地3本以上の長さにわたる敷板を配置する［図31］。

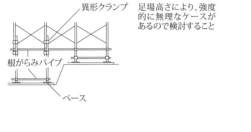

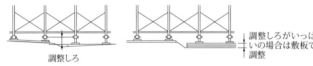

図31　枠組足場の脚部の調整

⑧地盤の高さが異なる場合には、ベース金物で高さを調節する。調節できる高さには限界があるので、高低差が大きい場合には、調整材か、補助的に単管足場を使用する。
⑨最上層に布板を設置する場合は手摺と中桟および幅木を設ける。
⑩足場の端部で、建枠が外面に出る場合は手摺と中桟および幅木を設ける。
⑪庇や出入口の部分は、梁枠を用いて上部の足場を支持する。梁枠を設置する両側の建地の負担荷重が大きくなるので、強度検討で確認し、必要に応じて、添え柱による補強を行う［図32］。

● **単管本足場**

単管本足場の計画上の主な留意点は、次のとおりである［図33］。

①建地の間隔は桁行方向1.85m以下、梁間方向1.5m以下とする（桁行方向1.5〜1.8m、梁間方向0.9〜1.2mとすることが望ましい）。
②高さが31mを超える場合は、（脚部から、足場の高さから31mを減じた長さだけ）単管を添えて建地を補強する。しかし、計算により安全性が確認できた場合は補強は不要である。
③布の上下方向の間隔は、1.65m（1.5〜1.7m）程度を標準とする。第1段の布の高さは2m以下とする。
④大筋かい（桁行方向の筋かい）は角度45度程度で足場の外側構面に設ける。間隔は水平方向は16.5m以下、垂直方向は15m以下とし、すべての建地

●労働安全衛生規則第571条

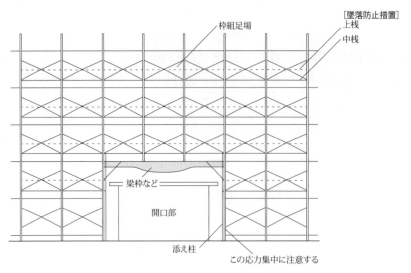

図 32　庇、出入口などの足場開口部

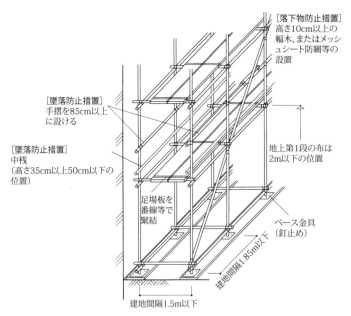

図 33　単管本足場の構成

と交差させる。

⑤壁つなぎは垂直方向 5m 以下、水平方向 5.5m 以下の間隔で配置し、第 1 段の高さは 5m 以下とする。壁つなぎを設けられない部分には、壁つなぎと同じ間隔で控え柱を設ける。

⑥建地の脚部には固定型ベース金具を設け、隣接する建地と根がらみパイプで連結する。足場を設置する位置の地盤が軟弱な場合には、さらに、所定の幅で、建地 3 本以上にわたる長さの敷板を配置し、その上に足場を組み立てる。

⑦建地間の積載荷重は 3.92kN/1 スパン以下に制限し、1 建地の最下部許容支持力は 6.86kN/ 本（自重含む、JASS 2）とする。

⑧墜落防止措置として、高さ 85cm 以上の手摺および中桟（高さ 35cm 以上 50cm 以下）を設置する。さらに実施することが望ましい「より安全な措置」として、幅木の追加設置がある。

⑨落下防止措置として、高さ 10cm 以上の幅木、またはメッシュシート防網等の設置がある。

●くさび緊結式足場

くさび緊結式足場（ビル工事用くさび緊結式足場に限る）の計画上の留意点は、次のとおりである。

①高さは 45m 以下とする（高さ 31m を超える場合は、最高部から 31m を超える建地を 2 本組とする）。

②支柱の間隔は桁行方向 1.85m 以下、梁間方向 1.5m 以下とする。

③腕木は高さ 2m 以下ごとの全層全スパンとする。

④墜落防止措置として、高さ 85cm 以上の手摺および中桟（高さ 35cm 以上 50cm 以下）を設置する。

⑤落下防止措置として、高さ 10cm 以上の幅木またはメッシュシート防網等の設置がある。

⑥壁つなぎは垂直方向 5m 以下、水平方向 5.5m 以下の間隔で配置する。

⑦足場構面に開口部を設置し、梁枠を使用する場合は、幅 3 スパン以下、高さ 3 層以下とする。

●登り桟橋、階段

登り桟橋、階段の計画上の主な留意事項は、以下のとおりである。

①登り桟橋の勾配は 30 度以下、幅は 90cm 以上とする。

②登り桟橋の勾配が 15 度以上の場合は、約 30cm の間隔で、歩み板に滑り止めの木材を釘打ちする。

●労働安全衛生規則第 552 条

③階段は、踏み面 20cm 以上、蹴上げ 30cm 以下（足場先行工法のガイドライン）とする。枠組足場の階段用の部材は、この条件に適応している。

④登り桟橋、階段とも手摺を設ける。また、高さ 7m 以内ごとに、長さ 1.8m 以上の踊り場を設ける。

## 4.6 一側足場

一側足場には、ブラケット一側足場、布板一側足場、抱き足場、片足場などがある。作業床を設けられない抱き足場や片足場での作業を行うことは安全上好ましくないが、安全帯を使用できる設備を必ず設けること。

足場計画　159

●ブラケット一側足場

　ブラケット一側足場の計画上の主な留意点は、次に示すとおりである［図34］。

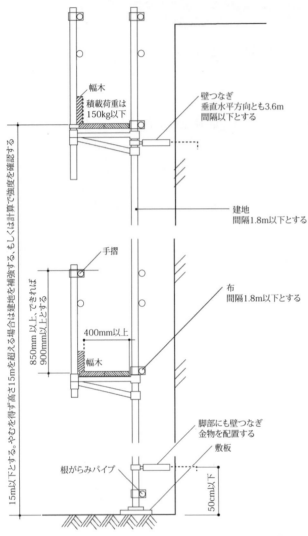

図34　ブラケット一側足場（建地より外側の作業床の事例）　＊建地より内側の作業床の場合もあり

①建地の高さは、原則として、15m以下とするが、高さが15mを超える場合は、建地の最高部から測って15mより下の部分は建地を補強するか、計算で強度上問題がなければ、それ以上の高さで使用することができる。

②建地の間隔は1.8m以下とする。

③布の間隔は1.8m以下を標準とし、第1段の高さは2m以下とする。

④ブラケットは建地と布の交点付近に設ける。

⑤筋かいは水平に対して45度に取り付け、建地と布の交差部付近を通るようにする。

⑥壁つなぎ、控え柱は垂直、水平方向とも3.6m以下の間隔で、建地と布の

交差部付近に配置する。

⑦壁つなぎは、足場の両端および最上段には設け、1段目は、地上50cm以下とする。

⑧建地の脚部には固定型ベース金具を設ける。

⑨建地間の積載荷重は1スパン当り1.47kN以下とする。1層に連続して積載する場合は1スパン当り0.98kN、建地1本当り0.98kN以下とし、同時に作業する場合は2層を超えてはならない。

## 4.7 張出し足場

建物外周に敷地の余裕がない場合、埋設配管や外構工事など、外周の下部の工事を早期に着手する場合などには、張出し足場を設置する。張出し足場はブラケット（張出し架構）で支持するが、ブラケットには跳出し方式、持出し方式、吊り方式などがある［表13］。

●跳出し方式

リース材もあり、規格化して転用するのに適した方式なので、多用されるが、支点に加わる荷重が大きく、出幅を大きくすることはむずかしい。躯体との連結部の応力伝達に細心の注意が必要である。

●持出し方式

二つの支点で支持するので、支点間距離を大きくとれば、安定した架構を形成することができるが、内側の支点に浮上がりが生じるためアンカーの納

■ポイント
張出し足場の架設時期は取付け部のコンクリート強度発現と上階の躯体工事の関係から、一側足場等の外部足場を上階に1フロア架設し、1層分の躯体構築後に足場を解体し、その後の架設となる場合が多い。

■ポイント
アンカーボルトの埋込み精度が悪く、ボルト穴とのクリアランスが大きくなった場合には、角座金を全周溶接して接合し、せん断耐力を確保する。また、上部のアンカーボルトには大きな引張力が作用するので十分な埋込み長さを確保する。

■ポイント
持出し方式のアンカーボルトを留める形鋼には十分な剛性を確保する。

■ポイント
吊り方式で張出し寸法が大きい場合、架構組立て時に不安定となり工夫が必要になる。そこで、跳出し方式と吊り方式の混合方式を採用することで、安定的で部材サイズを低減できる。

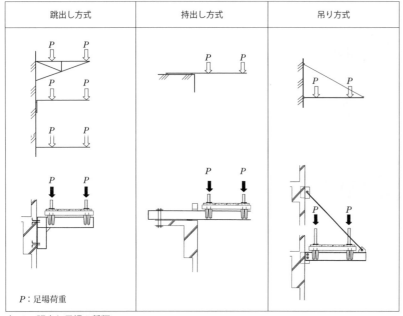

表13 張出し足場の種類

まりに工夫が必要である。外壁や外装にダメ穴が生じ、室内の仕上げに影響するおそれがあるため、採用部位や後施工となる仕上げ等を十分に検討する必要がある。

● 吊り方式

跳出し架構の先端を上部から吊る方式で、他の方式に比べて、たわみも少なく、構造的に安定した支持架構を形成できる。張出し長さを大きくすることができるが、架構を組み立てる際の仮支持や仮吊りの方法に工夫が必要である。

## 4.8 機械足場

足場を機械化し、上下または左右に移動する機能をもたせた装置である。ゴンドラ、機械足場（高所作業車）、伸縮足場などがあるが、移動する機械の扱いとなるため、安全点検、機能の維持保全、運転資格、設置条件など、個別に管理の条件が定められている。操作要領を遵守し、無理な使い方をしないよう注意しなければならない［写真9］。

■ポイント
高所作業車は、作業床の高さによって運転資格が異なる。10m以上の高所作業車の運転には技能講習修了者でないとつくことはできない。10m未満の箇所での運転には特別教育修了者がつくことができる。

写真9　各種機械足場（左：テーブル型、右：トラック型、提供：アイチコーポレーション）

# 5　無足場工法

　超高層ビルの工事や外装カーテンウォール工事では、足場を組むことがむずかしい、あるいはカーテンウォール工事の支障になる、仮設量が低減できるなどの理由で、無足場工法（外部足場を設置しない工法）が採用される場合が多い。無足場工法を採用する場合は、安全上の検討を十分に行い、設計のディテールへの遡及も含めて綿密な計画が必要であり、設計段階から無足場工法の採用が可能になるような配慮が必要である。

　外装のディテールを検討し、鉄骨建方段階、床板施工段階、外装施工段階、シール、クリーニング段階それぞれの作業内容や作業姿勢を分析し、内部作業床での施工の可能性について検討する［図35］。

■ポイント
耐火被覆が必要な外周鉄骨と外装材の離隔距離が認定寸法より大きい場合や、外装材の種類によっては、合成耐火とならない場合がある。そこで、合成耐火の認定条件を確認のうえ、耐火被覆材の種類、施工手順、足場計画を立案すること。

■ポイント
耐火被覆材には吹付けタイプと巻付けタイプがある。外周鉄骨と外装材の離隔距離が狭く、外装材の種類によって合成耐火とならない場合は、外装材取付けに先行して、鉄骨材単独の耐火被覆作業が必要になる。その場合、吹付けタイプの耐火被覆作業では発塵対策の足場や養生が必要になるので、無足場工法採用にあたっては、別途十分な仮設計画を並行して計画すること。

■ポイント
外装建具が、部材の組立て作業を現場で行う「ノックダウン方式」の場合、無足場工法採用にあたっては、「ユニット方式」への変更が必要となる。

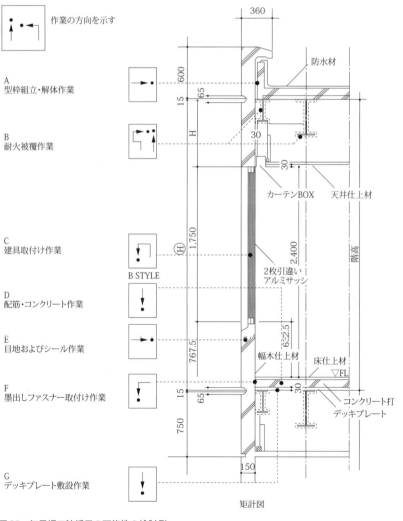

図35　無足場工法採用の可能性の検討例

さらに、シールをガスケットに変えたり、耐火被覆を巻付け耐火被覆材にするなど、複合化、ユニット化により、あるいは補足的な足場を採用することにより、無足場工法採用の可能性を追求することが必要である［図36］。

カーテンウォールの外装で無足場工法が採用される場合は、シール作業で簡易ゴンドラが使用される場合が多い。外壁頂部にブラケットを設置し、丸環などを反力としてゴンドラを吊るが、安全点検と有資格者による操作が義務づけられている。

無足場工法の採用が可能な場合には、床の端部に手摺や幅木を設けて墜落事故を防止するとともに、飛来落下を防ぐために防網を設けるなど安全面での配慮が重要である［図37］。

■ポイント
跳出し足場を計画する場合は、転倒に対して、二重以上の安全対策の実施が望まれる。

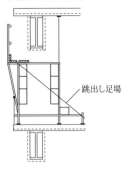
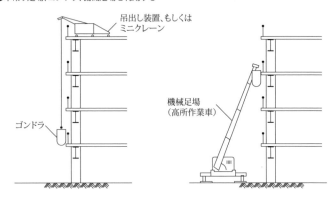

図36　無足場を補足する仮設

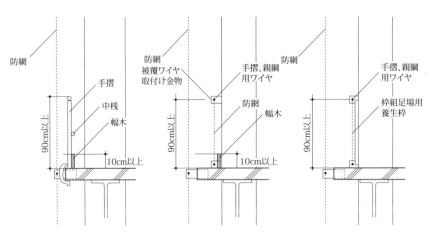

図37　手摺・防網の設置

参考文献・図版出典
・稲垣秀雄著『疑問に答える建築鉄骨工事の施工ノウハウ』近代図書　1997年（図23）

# 揚重運搬設備

1 揚重運搬設備の目的と機能

2 工事内容と施工条件の確認

3 計画上の留意点

4 揚重運搬機械の種類

5 各工事別揚重運搬機械の計画

6 揚重運搬機械の運用

# 1 揚重運搬設備の目的と機能

揚重運搬作業である「運ぶ」「取り付ける」は建築工事の基本動作である。建築施工のエネルギーのうち、過半が運搬に費やされるといわれ、ある試算では2/3に及ぶという。

資機材の所定の位置への運搬や取付け、生じた廃材や再利用材を搬出や転用するための移動に使用する機械設備、仮設設備、治具などが揚重運搬設備である。揚重運搬設備に適切性を欠けば、水平方向では運搬距離に、垂直方向では揚程に応じてエネルギーをロスする。揚重計画の良否や揚重設備の充実の度合いが、施工能率、安全、コスト、ひいては品質に大きく影響する。揚重運搬設備は作業所内ロジスティクスを左右する仮設設備であり、その計画は、工程計画と深く関連して、施工計画の根幹をなす重要な計画項目である［図1］。

揚重運搬設備の機能は、次の3項目である。
①資機材の作業所への搬入、所定の場所への運搬、所定の位置への取付けなどを、能率よく安全に行う。
②不要材の場外搬出を、能率よく安全に行う。
③作業員などの人員を所定の場所へタイムロスなく輸送する。

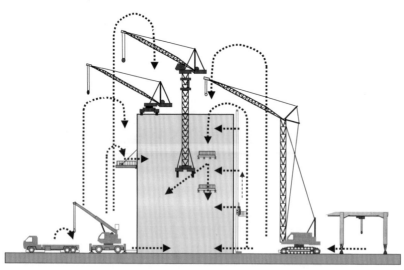

図1　作業所内ロジスティクス

# 2 工事内容と施工条件の確認

　設計図書を精読して、仮設、躯体、内外装、設備など、各工事に関連する運搬対象部材の、

①大きさ、長さ、重さ、荷姿

②数量

③搬入時期

④搬入位置、範囲

などを把握する。

　これらは、揚重運搬設備を計画するうえで重要な諸元であり、複合化やユニット化、製作や運搬の方法、工程計画などの検討に欠かせない基本的パラメータになる。できれば、部品レベルですべての情報をデータ化することが望ましい。

　さらに、

①外壁面から境界までの距離、敷地の余裕

②中庭やコア部分など、内部の揚重機の設置可能な場所の有無

③建物の高さ、長さ、幅

④周辺環境（騒音、振動等の配慮）

などの施工条件についても確認する。

# 3 計画上の留意点

## 3.1 関係法令

　クレーンなどの製造、設置、使用についての関係法令の代表的なものは、
①労働安全衛生法（安衛法）
②労働安全衛生法施行令（施行令）
③労働安全衛生規則（安衛則）
④クレーン等安全規則
⑤クレーン構造規格
⑥簡易リフト構造規格
などである。
　また、対象となるのは、
①クレーン：吊上げ荷重が 3t 以上のもの（スタッカー式クレーンは吊上げ荷重が 1t 以上のもの）

| 区分 | 吊上げ荷重または積載荷重 | 設置届 | 落成検査申請 | 性能検査申請 | 変更検査申請<br>変更届 | 設置報告 | クレーン等の種類 |
|---|---|---|---|---|---|---|---|
| 移動式<br>クレーン | 0.5t 以上 3t 未満 | | | | | ○ | トラッククレーン<br>ホイルクレーン<br>クローラークレーン<br>鉄道クレーン<br>浮きクレーン |
| | 3t 以上 | | | ○ | ○ | ○ | |
| クレーン | 0.5t 以上 3t 未満 | | | | | ○ | 天井クレーン<br>タワークレーン<br>ジブクレーン<br>水平クレーン<br>橋形クレーン<br>ケーブルクレーン<br>テルハ |
| | 3t 以上<br>（スタッカー式 1t 以上） | ○ | ○ | ○ | ○ | | |
| デリック | 0.5t 以上 2t 未満 | | | | | ○ | 三脚デリック |
| | 2t 以上 | ○ | ○ | ○ | ○ | | |
| エレベータ | 0.25t 以上 1t 未満 | | | | | ○ | 工事用エレベータ<br>　（ロープ式エレベータ）<br>　（ラック式エレベータ）<br>　（ロングロープ式エレベータ）<br>　（ロングラック式エレベータ）<br>工事用以外のエレベータ |
| | 1t 以上 | ○ | ○ | ○ | ○ | | |
| 0.25t 以上<br>建設用リフト | ガイドレール<br>（高さ 10m 以上 18m 未満） | | | | | ○ | タワーリフト<br>二本構リフト<br>一本構リフト<br>ロングスパンリフト<br>　（ロープ式）<br>　（ラック式） |
| | ガイドレール<br>（高さ 18m 以上） | ○ | ○ | | ○ | | |
| | ゴンドラ | ○ | | ○ | ○ | | |

表 1　諸手続き適用表

②移動式クレーン：吊上げ荷重が 3t 以上のもの

③デリック：吊上げ荷重が 2t 以上のもの

④エレベータ：積載荷重が 1t 以上のもの

⑤建設用リフト：ガイドレール（昇降路を有するものにあっては昇降路）の
　高さが 18m 以上のもの、ただし、積載荷重が 0.25t 未満のものは除く

⑥ゴンドラ：安全規則による

などの規模の揚重運搬機器である。安衛法などの各条項の内容を理解し、揚
重運搬機械の事故防止に努める［表1］［表2］。

●労働安全衛生法施行令第
　12条第3号～第7号

●労働安全衛生法第61条

| 区分 | 資格 クレーン等の性能 | 運転 | | | 玉掛け | | |
|---|---|---|---|---|---|---|---|
| | | 運転免許所持者 | 運転技能講習修了証所持者 | 特別教育修了者 | 運転免許所持者 | 玉掛け技能講習修了証所持者 | 特別教育修了者 |
| 移動式クレーン | 吊上げ荷重（1t 未満） | ○ | | ○ | 1-※ | ○ | |
| デリッククレーン | 吊上げ荷重（1t 以上 5t 未満） | ○ | | ○ | 1-※ | ○ | |
| | 吊上げ荷重（5t 以上） | ○ | | | 1-※ | ○ | |
| クレーンテルハ | 床上運転方式（5t 以上） | ○ | | ○ | ○ | | |
| 建設用リフト | | | | ○ | | | |
| フォークリフト | 1t 未満 | | | ○ | | | |
| | 1t 以上 | | ○ | | | | |

（労働安全衛生法　第61条）
1-※　昭和53年10月1日以降のクレーン運転免許所持者については、別に玉掛け技能講習修了証を所
　　　持しなくてはならない。
表2　クレーン等の就業制限

　さらに、国土交通省の移動式クレーンに適用する「建設機械に関する技術
指針」が、

①ISO 規格による標準操作方式クレーンの適用

②建設機械の排ガス基準に合うクレーンの認定

について、また、「低騒音型、低振動型建設機械の指定に関する規程」が、
建設機械の低騒音型、低振動型の形式指定についてそれぞれ定めており、環
境保全あるいは公害防止への配慮から、公共工事を中心に、これらの規程に
適応する機械使用の義務づけが普及している［表3］。

| 機種 | 機関出力（kW） | 騒音基準値（dB） |
|---|---|---|
| クローラークレーン | P ＜ 55 | 100 |
| トラッククレーン | 55 ≦ P ＜ 103 | 103 |
| ホイールクレーン | 103 ≦ P ＜ 206 | 107 |
| （ラフテレーンクレーン） | 206 ≦ P | 107 |

表3　「低騒音型、低振動型建設機械の指定に関する規程」によ
る騒音規制値

揚重運搬設備　　169

## 3.2 安全性の確保

揚重運搬に使用する機械は、扱いやすさ、組立、解体、盛替えの方法、維持管理などを考慮して、安定性の高いものを選ぶ必要がある。また、設置構造（基礎や支柱）についてもシンプルで、構造的にバランスがよく安定しているものが必要である。本体構造に加わる負荷、生じる反力に無理がなく、耐力のみならず耐久性も確保することが必要である。

## 3.3 経済性の検討

揚重運搬機械の調達方法は保有、リース・レンタル、作業所購買などさまざまであり、必要とする経費もそれぞれ異なるが、設置構造、躯体補強、荷受けなどの仮設の施設も含めて、トータルコストによる比較検討を行い、もっとも経済的な機械およびシステムを選定しなければならない［図2］。

揚重機の選定は工事全体を把握していなければ、適切な選定はできないが、施工品質・経済性・工期・安全性・環境をトータルに検討しなければならない。コストの低いクレーンを選定しても、作業能率が悪く手待ちを生じたりすれば、生産性が低下し、結果的には経費増を招く。「予算のない工事ほどクレーン費を惜しんではならない」「未熟な技術者ほど安易にタワークレーンを選ぶ」などの言は、総合評価のポイントを示している。

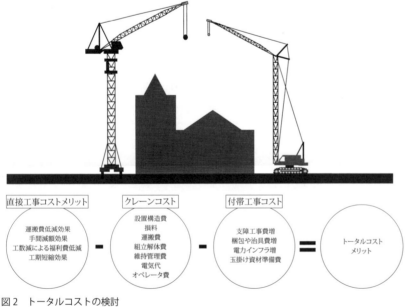

図2　トータルコストの検討

## 3.4 工程計画

　揚重運搬機械が稼働する期間の長短に加え、組立、解体の時期、設置構造の施工期間、撤去の後処理（ダメ穴塞ぎなど）時間なども考慮して、全体工程への影響を極力少なくするように計画する。作業の能率向上、生産性の向上のために設置する揚重運搬設備は、初期の目的を達したら、直ちに解体撤去する。

■ポイント
タワークレーンを建物内に設置する場合で、マストクライミング方式を採用する場合は、機械室や電気室、トイレなどの水回り位置は避けなければならない。また、マスト撤去の後処理が工程を逼迫させる場合は、フロアクライミング方式の機種を選定するほうがよい。

# 4 揚重運搬機械の種類

## 4.1 揚重運搬機械の分類

　揚重運搬機械は、クレーンは定置式、軌道走行式、移動式などに、エレベータ、リフトは荷物用リフト、人専用エレベータ、人荷兼用エレベータ、ウインチなどに、搬送機械は自動搬送システム、コンベア、移動用軽車両などに、それぞれ分類される［表4］。

## 4.2 主な揚重運搬機械

　揚重運搬機器は頻繁に新製品の開発や改良が行われるので、データはすぐに陳腐化する。新製品のデータが常に整備されていることが望ましい。最近は、建設機械メーカーのインターネット上のホームページに、各種の図面データ、性能データが公開され、CADデータがダウンロードできるようになっていて、計画図作成には便利になっている［図3］。

図3　クレーン類のデジタルデータのダウンロード（TADANO）

## 4.3 揚重運搬機械の性能

　揚重運搬機械の性能については、メーカーのカタログやホームページなどに記載されているが、反力など特殊な事項、用語、スペックなど不明な点は、メーカーに問い合わせて情報を入手する必要がある。

| 揚重運搬機械の分類 | | | 図解・イメージ | 定義 | 用途 | 機能・条件の目安 |
|---|---|---|---|---|---|---|
| 揚重機 | 定置式 | 起伏ジブ型タワークレーン セルフクライミング型 | | 専用のタワーを有し、360度回転する旋回体と運転席を最上部に機構として設け、起伏ジブを張り出す大型のクレーンで自己上昇下降機能を有するもの | 鉄骨建方から仕上げ材に至る広範囲部品の揚重。超高層ビルでは必須の戦略クレーン | ジブが起伏でき、360度回転できる。自己昇降可能。吊上げ荷重最大40t、能力5〜1500tm、作業半径50m、揚程250m。機械の大型化が進んでいる |
| | | 起伏ジブ型タワークレーン ノンクライミング型 | | 専用タワーを有し、360度回転する旋回体を最上部に機構として設け、起伏ジブを張り出す大型のクレーンで自己上昇下降機能のないもの | 鉄骨建方から仕上げ材に至る広範囲部品の揚重。中高層ビルで使われるクレーン | ジブが起伏でき、360度回転できる。自己昇降不可能。吊上げ荷重最大10t、能力5〜100tm、作業半径30m程度、揚程100m |
| | | 水平ジブ型タワークレーン セルフクライミング型 | | 専用のタワーを有し、360度回転する旋回体を最上部に機構として設け、水平ジブを張り出す大型のクレーンで自己上昇下降機能を有するもの | 躯体資材から仕上げ材に至る広範囲部品の揚重。住宅や大面積ビルで多用されるクレーン | ジブは起伏できない、360度回転できる。自己昇降が可能。吊上げ荷重最大10t、能力5〜100tm、作業半径40m、揚程100m |
| | | 水平ジブ型タワークレーン ノンクライミング型 | | 専用のタワーを有し、360度回転する旋回体を最上部に機構として設け、水平ジブを張り出す大型のクレーンで自己上昇下降機能をもたないもの | 躯体資材から仕上げ材に至る広範囲部品の揚重。住宅や大面積ビルで多用されるクレーン | ジブは起伏できない、360度回転できる。自己昇降不可能。吊上げ荷重最大10t、能力5〜100tm、作業半径40m、揚程100m |
| | | 起伏ジブクレーン | | 揚程が小さく、360度回転する旋回体に起伏ジブを張り出す機構の中小型クレーンで、屋上などに設置する。定置固定のもの | 躯体資材から仕上げ材に至る部品の揚重。カーテンウォールなど、下方への揚重取付けで使用されるクレーン。タワークレーンの解体用として設置される場合もある | ジブが起伏でき、360度程度回転できる。吊上げ荷重最大10t、能力5〜60tm、作業半径20m程度、揚程170m |
| | | スティフレッグデリック | | 安定した三角錐定脚架構からジブブームを張り出し、270度程度まで回転する大型のクレーン | 鉄骨建方から仕上げ材に至る広範囲部品の揚重。下方への揚重取付けで地下工事などで使用されるクレーン。タワークレーンの解体用として設置 | ブームが起伏でき、270度程度しか回転できない。ウインチの設定で変化。吊上げ荷重最大15t、能力5〜200tm、作業半径20m程度、揚程50m |
| | | ガイデリック | | 主マストをワイヤで固定し、マストからジブブームを張り出し、360度程度まで回転する大型のクレーン | 鉄骨建方やプラント・鉄塔の建方の専用クレーン。扱いがむずかしいので最近はほとんど使われない | ブームが起伏でき、360度回転できる。吊上げ荷重最大15t、能力5〜60tm、作業半径20m程度、揚程100m |
| | | ジンポール | | 主マストがなく他の架構からジブブームを張り出し、任意の角度で回転する小型のクレーン | 鉄骨建方の補助や機器の搬入・鉄塔の建方など、既製のクレーンで間に合わない部分に採用される。軽便なクレーンである。扱いがむずかしい | 吊上げ荷重最大5t、能力5〜30tm、作業半径10m程度、揚程50m |
| | | ケーブルクレーン | | 遠距離にマスト等主柱を建て、ここにケーブルを張り、ホイストを吊り移動させて足元の悪いところに資機材を運び込むクレーン。長大スパンを実現できる | 鉄骨建方やダム工事・山間部で足元の悪い工事などに採用され、能率は低い | 吊上げ荷重最大2t、径間100m程度、揚程は50m程度 |
| | | 鉄塔用特殊クレーン | | 組み立てた鉄塔架構に載せ掛けたり、ジンポールなどの鉄塔建方専用に開発された小型のクレーン | 鉄塔の建方専用。扱いがむずかしい | 吊上げ荷重最大5t、能力5〜30tm、作業半径20m、揚程200m |

表4　クレーン・リフト・搬送機械の種類・用途による分類と一覧

| 揚重運搬機械の分類 | | | | 図解・イメージ | 定義 | 用途 | 機能・条件の目安 |
|---|---|---|---|---|---|---|---|
| 揚重機 | 軌道走行式 | 起伏ジブ型タワークレーン | セルフクライミング型 | | 定置式クレーンを専用走行基盤の軌条上の台車にて走行させ、作業範囲を変えられるもの。長大な形状の住宅などで採用される。個々の用途・機能・条件は定置式に同じ | | |
| | | | ノンクライミング型 | | | | |
| | | 水平ジブ型タワークレーン | セルフクライミング型 | | | | |
| | | | ノンクライミング型 | | | | |
| | | 起伏ジブクレーン | | | | | |
| | | スティフレッグデリック | | | | | |
| | | 天井クレーン | | | 天井部に設けられた走行式のクレーンガーターにトロリーホイストを取り付けた小型のクレーン。クレーンガーターがカバーできる範囲の任意の位置に吊り位置を移動できる | 現場工事などで、屋内の軽便な材料の積み下ろしや水平移動に用いる。建設現場では使いにくい | 簡易なクレーンである。吊上げ荷重は1t程度、スパン20m程度、揚程は20m程度で十分 |
| | | 門型クレーン | | | レール上を走行する門型の桁にトロリーホイストを付けたもので、天井クレーンと同様に、クレーンガーターがカバーできる範囲の任意の位置に吊り位置を移動できる | サイトPCa現場工事などで、材料や製品の積み下ろしや水平移動に用いる。細長い鉄骨建屋の建方などの例もある | 簡易なクレーンである。吊上げ荷重は5t程度、スパン10～15m程度、揚程は20m程度で十分 |
| | | ロコ（鉄道）クレーン | | | レール走行用の車輪を持った台車（ロコ）にクレーン装置を架装し、軌道のレール上を走行するようになっているクレーン | 鉄道の保線業務の荷役作業、救援作業等に用いられる | 簡易なクレーン。吊上げ荷重は2t程度 |
| | 移動式 | トラッククレーン | 機械式トラッククレーン | | 下部走行車両に旋回サークルやアウトリガーを装備し、その上にラチス構造ジブによるクレーン装置を架装したもので、下部走行体には走行用運転室、上部旋回体にはクレーン操作用の運転室がそれぞれ設けられている。中間ブームを別送し現場で組み立てる | 鉄骨建方・PCa部材揚重など遠距離・広範囲・大重量の部品の揚重に特化。工場などで多用。機動性は低い。最近の建設現場ではほとんど使用されない | ブームにジブを装着し起伏、360度回転できる。吊上げ荷重はブーム強度で決まりかなり大きい。数十tにも及ぶ。ブームが軽いので遠方まで届き、広範囲のカバー能力がある。作業半径40mに及ぶ |
| | | | 油圧式トラッククレーン | | 下部走行車両に旋回サークルやアウトリガーを装備し、その上に箱型構造ジブによるクレーン装置を架装したもので、下部走行体には走行用運転室、上部旋回体にはクレーン操作用の運転室がそれぞれ設けられている。原動機から油圧ポンプを駆動して油圧モータや油圧シリンダを作動させる。ジブは自己伸長式である | 鉄骨建方から躯体資材、仕上げ材に至る広範囲部品の揚重に使える汎用万能クレーン。大荷重・高揚程の大型のものもある | ブームは伸縮し、ジブを装着することができ、起伏、360度回転できる。吊上げ荷重はかなり大きい。数十tにも及ぶ。ブームが重いのであまり遠方までは届かない。中範囲をカバーする機動性の高い汎用クレーン。大荷重・高揚程の大型のものもある |
| | | | オルテレーンクレーン | | | | |

| 揚重運搬機械の分類 | | | 図解・イメージ | 定義 | 用途 | 機能・条件の目安 |
|---|---|---|---|---|---|---|
| 揚重機 | 移動式 | トラッククレーン 積載型トラッククレーン | | 汎用トラックの運転室と荷台の間にクレーン装置を架装し、貨物積載用の荷台を備える | 車両小荷物の積み下ろしに使用される | 吊上げ能力は3t未満のものが多く、クレーン操作は機体側方で行う |
| | | ホイルクレーン ホイルクレーン | | ゴムタイヤ付きの車軸に支えられた台車の上にクレーン装置を架装したもので、クレーン作業や走行は上部旋回体の運転室で行い、クレーン作業と走行の動力は、下部走行体の原動機を使用。車輪には、四輪式と三輪式（前二輪、後一輪）があり、アウトリガーが装備されたものもある | 場内を頻繁に移動して、軽荷重のものを迅速に揚重する機動性を生かした荷役作業にむくクレーン。PCa工場や資材置場などでの使用がある | ブームは伸縮し起伏、360度回転できる。吊上げ能力は10t未満のものが多く、作業半径も小さい |
| | | ラフテレーンクレーン | | 四輪操舵の走行機構の特徴をもったホイールクレーンの一種で、狭い路地や建物内への進入が可能。走行およびクレーン操作は上部旋回体の運転室で行う。クレーン作業では、安定度を増大させるためにアウトリガーを張り出す | 狭い路地や建物内への進入が可能な特性を生かし、小規模工事・道路条件の厳しい市街地工事などで必須のクレーン。大型の機種も多く、鉄骨建方から躯体資材、仕上げ材に至る広範囲部品の揚重に使える | ブームにジブを装着し起伏、360度回転できる。吊上げ荷重はブーム強度よりも安定性で決まりあまり大きいものはなかったが、最近は大型化されている |
| | | クローラークレーン タワー型クローラークレーン | | クローラー（履帯）を巻いた台車の上にクレーン装置を架装したもので、上部旋回体に原動機、巻上げ装置、操作装置等が装備されている。主ブームを鉛直なタワーブームとして屹立させ、起伏ジブブームを先端につけ、あたかも定置式タワークレーンのような作業が可能。クローラーであるため、走行速度は1〜3km/hと遅く、公道走行できないが接地面積が広く安定性に優れる。クローラー幅を可変したり、分解輸送が容易 | 鉄骨建方・PCa部材揚重など高揚程・大重量の部品の揚重に特化。建物に接近して作業できる。中高層ビル・集合住宅などで多用。機動性は低い | 小型から大型までのさまざまな機種が存在。大きな作業半径を得るためのラフィングジブも増加してきたため、大型化や高性能化がさらに進んでいる。ポストを高くして高揚程を実現。50m以上も可能 |
| | | 起伏ブーム型クローラークレーン | | クローラー（履帯）を巻いた台車の上にクレーン装置を架装したもので、上部旋回体に原動機、巻上げ装置、操作装置等が装備されている。主ブームを起伏させ、ジブを先端に装備する場合もある。クローラーであるため、走行速度は1〜3km/hと遅く、公道走行はできないが接地面積が広く安定性に優れる。クローラー幅を可変したり、分解輸送が容易 | 鉄骨建方・PCa部材揚重など遠距離・広範囲・大重量の部品の揚重に特化。工場などで多用。一度組み立てれば機動性は高い | 小型から大型までのさまざまな機種が存在。大きな作業半径を得るためのラフィングジブも増加してきたため、大型化や高性能化がさらに進んでいる |

| 揚重運搬機械の分類 | | | 図解・イメージ | 定義 | 用途 | 機能・条件の目安 |
|---|---|---|---|---|---|---|
| 揚重機 | 荷物用リフト | 一本構リフト | | 主ポストを足場や建物に固定して自立させ、このポストをガイドとして荷台を昇降させる形式の荷物専用リフト。主ポストが1本であるのが特徴。電動モータを動力にワイヤで昇降させる。取込み開口と荷受け架台を併設 | 躯体資材から仕上げ材に至る汎用部品の揚重・搬出。仕上げ材・設備材が中心 | 上部が開放されており長大物を積載可能だが幅と長さは1m内外<br>積載荷重 800kg<br>揚程 40m 程度 |
| | | 二本構リフト | | 一本構リフトと同様、主ポストを足場や建物に固定して自立させ、このポストをガイドとして荷台を昇降させる形式の荷物専用リフト。主ポストが2本であるのが特徴。電動モータを動力にワイヤで昇降させる。取込み開口と荷受け架台を併設 | 躯体資材から仕上げ材に至る汎用部品の揚重・搬出。仕上げ材・設備材が中心 | 上部が開放されており長大物を積載可能だが、幅と長さは1m内外<br>積載荷重 1,200kg 程度<br>揚程 40m 程度 |
| | エレベータ、リフト | 人専用エレベータ | | 主ポストを足場や建物に固定して自立させ、このポストをガイドとして人専用かごを昇降させる形式の人専用エレベータ。主ポストは1本のものが多い。電動モータを動力にワイヤで昇降させるワイヤ式とラック＆ピニオン式があり、運転制御装置を装備し高い安全性を維持する。出入開口と荷受け架台を併設 | 作業員・人専用の昇降 | 定員 7～17 人<br>揚程 200m 程度 |
| | | 人荷兼用エレベータ | | 主ポストを足場や建物に固定して自立させ、このポストをガイドとしてかご型の荷台を昇降させる形式の人と荷物の運搬に両用できるエレベータ。主ポストが2本のものが多く、荷台は荷物も載せられるように長く大きい。電動モータを動力にワイヤで昇降させるワイヤ式とラック＆ピニオン式があり、運転制御装置を装備し高い安全性を維持する。出入取込み開口と荷受け架台を併設 | 作業員・人と躯体資材から仕上げ材に至る汎用材・設備材の揚重・搬出 | 積載荷重 2,800kg<br>定員 7～43 人<br>揚程 200m 程度 |
| | | コンクリートエレベータ | | 最近は使用されない。2本のガイド支柱に支持されてコンクリートホッパーを電動機駆動ワイヤで上下する。コンクリート圧送が困難な高程の揚重用に開発 | コンクリート材料の揚重 | 1～2m$^3$ の容量 |
| | ウインチ類 | 単胴型ウインチ | | 電動機に巻き胴が一対一対応する巻上げ装置。レバー操作をするものから、単純なボタン操作のものまで種々 | リフトなどの要素部品 | 巻上げ荷重・ドラム径など多様 |
| | | 複胴型ウインチ | | 電動機に巻き胴が複数対応し、レバー操作・切替えにより複雑な駆動をする巻上げ装置 | ガイデリックやケーブルクレーンなどの要素部品 | 巻上げ荷重・ドラム径など多様 |

| 揚重運搬機械の分類 | | | 図解・イメージ | 定義 | 用途 | 機能・条件の目安 |
|---|---|---|---|---|---|---|
| 揚重機 | ウインチ類 | ホイスト | | 梁鋼材にウインチを走行装置で懸垂させ、移動と巻上げを行う吊上げ・移動装置 | 鉄骨架構や室内での局所的仕上げ材や設備材料の揚重搬出。荷役専用の場合もある | 荷重 1,000 ～ 5,000kg 程度<br>揚程 10m 程度 |
| | 自動搬送システム | | | 無人搬送台車・自動移載装置・自動リフトを組み合わせ、標識装置や管理プログラムにより現場の仕上げ材・設備部材を無人自動搬送する総合システム | 躯体資材から仕上げ材に至る汎用部品の揚重・搬出。仕上げ材・設備材が中心 | 上部が開放されており長大物を積載可能だが、幅と長さは 1m 内外<br>荷重 1,200kg 程度<br>揚程 40m 程度 |
| 搬送機械 | コンベア | ベルトコンベア | | 電動機兼用のドラムがゴム製のベルトを回転させ、連続して荷材や土を水平移動させる装置 | 土砂の搬出や埋戻し | 幅 300 ～ 900mm<br>ユニット長さ 4 ～ 8m |
| | | ローラーコンベア | | 自由回転するローラーを連続配置し慣性力と摩擦抵抗の低減により、荷材の水平移動の効率を上げる装置 | 梱包荷材など | 幅 300 ～ 900mm<br>ユニット長さ 2 ～ 4m |
| | 移動用軽車両 | フォークリフト | | 自走ホイール車体に 2 本の差込み爪（フォーク）を上下させる装置を装着し、車体の移動とフォークの上下移動により荷材を移動する荷役車両 | 汎用梱包荷材<br>フォークを差し込むパレットを用意 | 積載荷重 1 ～ 3t<br>電動・エンジン駆動<br>ソリッドタイヤ・ゴムタイヤがある |
| | | スタッキングワゴン台車 | | 車輪をつけた荷台で自走できない。荷物を載せて人力や牽引車で移動 | 汎用梱包荷材 | 積載荷重 100 ～ 500kg |
| | | パレットリフト | | 車輪荷台に手押しハンドルを一体化し人力で荷物を移動する。貨物下に装置を差し込み浮かせ荷切りができるのが特徴 | 汎用梱包荷材 | 積載荷重 100 ～ 500kg |

# 5 各工事別揚重運搬機械の計画

## 5.1 杭工事

●機械選定

　杭の施工では、杭施工の専用機への補助的機能(杭材や鉄筋などの材料搬入、ケーシングなどの搬入、杭施工機械の組立、解体)を果たすために、移動式クレーンを使用する。常に施工位置に移動して揚重するので、施工期間が長ければ施工地盤が緩むおそれもあり、補助クレーンはアウトリガー反力や輪荷重に比べて接地圧の小さいクローラークレーンが安全である。

●配置計画と設置期間

　補助クレーンは、杭の施工期間を通して配置し、杭の施工手順に応じて、適切な位置に移動させて使用する。

●設置構造

　杭施工により地盤が緩み、水を含んで強度が低下するおそれがある。設置構造である施工地盤の仕様は補助クレーンに比べて、杭施工の専用機が大型

80～100tクラスのベースマシンがよく使われる。リーダーはなるべく短くする

鉄板は必ず敷いて作業する

⇨ 生石灰系やセメント系の改良材を攪拌して改良を行うことが多い。ただ、比較的地盤がよい場合には、砕石や鉱砕をまき出すこともある

許容地耐力度が地中応力を上まわる深さまでは強度の大きな砕石や、地盤改良層を設けて、安全性を確保する

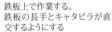

鉄板上で作業する。鉄板の長手とキャタピラが直交するようにする

  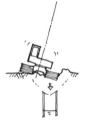

堅い躯体上と緩い埋戻し土の取合い部分など、変位の差が大きい部分は危険

杭先行部、古井戸や空洞があると危険。よく調べ密実に埋め戻す

旧基礎などの埋戻し土が緩い場合はめり込む危険がある

図4　杭施工重機の転倒防止

178

になるので、専用機に対する仕様となる。重機の走行にあたっては、施工地盤の許容地耐力度検討を行い、必要に応じて表層地盤改良を施工する。そのうえで、仮設の鉄板を敷いて接地圧を分散させる。また、トラッククレーン等を使用する場合は、アウトリガー反力を仮設の敷き桁で受けて荷重を分散させるなどの配慮が必要である［図4］。

●組立、解体

移動式クレーンは自身で組立、解体が可能なものと、搬入搬出にはトレーラを、組立、解体にはサブクレーンを必要とするものとがある。

## 5.2 基礎、地下躯体工事

●機械選定

基礎および地下躯体工事では、地表より下部への資機材搬入が主な揚重運搬作業となる。高揚程の揚重は不要であるが、広範囲に資機材を供給しなければならず、搬入する資機材は山留め支保工部材、鉄骨部材、型枠材料、鉄筋、設備部品、仮設材など多種かつ多量である。鉄骨などは重く、敷地周辺、または乗入れ構台、あるいは一部後やり部分を作業スペースとして、機動性を高めるために、多数の移動式クレーンを計画する場合が多い。

後続する地上躯体工事で使用する定置式クレーンを先行して設置する場合もあるが、地下躯体期間中は移動式クレーンを主役として計画を立てることが多い。

水平運搬機械は、根切り面ではキャタピラタイプの小型の搬送車両を走行させ、地下躯体施工にともなう各作業床ではフォークリフト、パレットリフトなどの手動式搬送台車を用いることもある。

●配置計画と設置期間

定置式クレーンを先行して設置する場合は、地上工事の計画を優先して配置を決める。設置時期は、山留め支保工架設から使用する場合は掘削開始時点から、基礎躯体工事から使用する場合は床付け完了時から、鉄骨工事から使用する場合はベースプレート設置階の躯体完了からとなる。

移動式クレーンは敷地周辺の仮設道路、乗入れ構台、一部後やり部分などに配置する。

●設置構造

定置式クレーンの設置構造は、使用開始時期に応じて、
①仮設杭による支持構台を設置する
②鉄筋コンクリート造の基礎を設置する
③本設構造体の基礎で支持する

■ポイント
表層地盤改良の検討にあたっては、地盤改良強度と改良土下部地盤の強度検討が必要である。表層地盤改良の対象土は埋土の場合が多く、その土質が不明確な場合がほとんどである。地盤改良にあたっては、表層土の数カ所でサンプリングをし、室内試験により改良材の配合量を決定することが望ましい。また、改良土下部の支持地盤についても可能な限り、原位置試験に基づいた支持力の確認を行うことが望ましい。

揚重運搬設備　179

などの方法が採用される［表5］。

この段階でのクレーンの高さは自立範囲内に納まるので、転倒防止のための控えは設けないことが多い。

移動式クレーンでは、路盤上で作業する場合には、砕石を敷く、必要に応じて表層地盤改良により路盤を整備するなどした上に、鉄板を敷いて養生し、アウトリガーやクローラーの接地圧に耐えられるようにする。

●組立、解体

定置式クレーンは移動式クレーンで組み立てる。地下工事終了の段階で解体することは少なく、後続の地上躯体工事や仕上工事に継続使用することがほとんどである。

■ポイント

・鋼杭方式では
鋼杭の先端支持力の確保と先端根固め液の管理が重要

・重量方式では
基礎下の地盤支持力の確保が重要。盛土以深に設置し、基礎下支持力確認のため、原位置試験の実施が望ましい。

・本設構造利用方式では
免震基礎上部に設置する場合は、免震装置への負荷が、短期許容面圧以下であること。引張応力が作用（作用しても負面圧 1N/mm² 未満）しないことを確認する。

| | 鋼杭方式 | 重量方式 | 本設構造体利用方式 |
|---|---|---|---|
| 図解 | | | |
| 特徴 | ・早期にクレーン利用可能<br>・地盤の悪い場合でも設置できる<br>・比較的経済的<br>・組立は時間がかかるが養生期間の制約がない | ・組立、基礎設置が簡単<br>・任意位置に設置可能<br>・安定している。剛強である | ・経済的<br>・地盤が悪くても設置可能<br>・安定している。剛強である |
| 注意事項 | ・鋼杭は引抜き力に抗するため長く必要<br>・支持力の確保に留意<br>・溶接の品質に注意<br>・ややクレーンがゆれやすい | ・大型クレーンへの対応はむずかしい<br>・地盤がよくないとむずかしい<br>・コスト高<br>・解体、処分がたいへん<br>・コンクリート強度確保に時間が必要 | ・クレーンを早期に使用できない<br>・ダメ穴などに注意<br>・コンクリート強度確保に時間がかかる<br>・本設構造体の安全性を高める必要がある<br>・本設構造体の断面変更をともなう場合には、構造の変更申請が必要である |
| 設計方法 | ・作用モーメントを1組の鋼杭の偶力で処理、重量を加算して最大圧縮力と最大引抜き力を求める<br>・鋼杭の支持方式（各種）で安全性を確保する | ・作用モーメントと鉛直荷重のかかる浅い基礎の設計法による<br>・縁部荷重度（最大）に対し、地盤の許容支持力度が大であることを確認<br>・最小縁応力度が負にならぬよう基礎自重を確保 | ・仮設桁にモーメントと重量を加えて応力解析し安全性を確保する<br>・本設躯体にかかる応力をもとめ、十分な安全率を確保できるよう断面補強する（配筋補強のみの場合は、基本的には構造の変更申請は不要か、軽微な変更となる）<br>・浮上がり力に対しては基礎重量で抗する |

表5　地下工事時のクレーン設置計画例

## 5.3 鉄骨工事

### ●機械選定

鉄骨建方に使用するクレーンは、建物の構造形式、形態、高さ、鉄骨の重量、継ぎ手方式などにより設定される鉄骨建方計画（水平積上げ方式、建逃げ方式、軸建て方式、仮支柱方式、横引き方式（スライド工法など）、吊上げ方式（リフトアップ工法など））に応じて選定されるが、定置式クレーンを使用する場合と、移動式クレーンを使用する場合がある。

鉄骨建方は地上躯体工事の先駆的作業で、床工事、型枠工事、鉄筋工事、PCa工事、外装カーテンウォール工事などクレーンを共用する場合が多く、通常は、搬入材の仕分けや地組み、仮設材の先付けのための補助クレーンを使用する。補助クレーンにはラフテレーンクレーンなど機動性の高い小型の移動式クレーンが採用される。

### ●配置計画と設置期間

定置式クレーンの場合は建方工区の中心に近い位置に配置する。移動式クレーンの場合は、随時必要な位置に移動させて作業を行う。

定置式クレーンは、

①吊り荷重と作業半径の関係を確認し、すべての建方作業範囲や荷取り位置がクレーンの稼働範囲に納まる。ただし、敷地外周に作業ヤードが確保できる場合に、部分的な定置式クレーンの稼働範囲外を移動式クレーンで補完することがある

②立体的、平面的、立面的にマスト、運転席などが建物構造体と接触しない

③解体やクライミングが無理なく行える

などの条件を備えた位置に配置する。

移動式クレーンは、

①ブームの起伏、旋回の回数が少なくてよい

②建方完了後の退場（建逃げ）が可能である

などの条件を備えた位置に配置する。

定置式クレーンは、通常、後続工事にも継続して使用するので、鉄骨建方後に撤去することは少ない。移動式クレーンは、建方終了後、直ちに撤去退場させることが多い。

### ●設置構造

定置式クレーンの設置構造は、基礎、地下躯体工事の場合と同様である。高さが自立可能な範囲を超える場合は、控え架構を設け、鉄骨の柱、梁接合部付近などにつないで固定する。控えの位置は、クレーンの機種に応じて、

揚重運搬設備　181

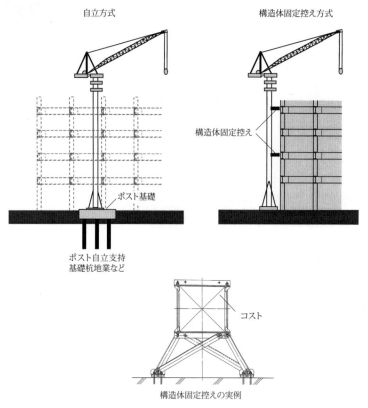

図5　定置式クレーンの控え架構

標準化されている［図5］。

　移動式クレーンの設置構造には、

①地下工事以降に残された、乗入れ構台を利用する

②1階床を補強して乗り入れる（配筋補強のみの場合は、基本的には構造の変更申請は不要か、軽微な変更となる。ただし、スラブ厚が厚くなる場合には変更申請が必要である）

③1階床に置き構台を設置して乗り入れる

④埋め戻した土間下路盤に、仮設搬入路を設けて乗り入れる（地下がない工場など土間スラブ構造の建物）

などがある。また建物の外側にクレーンの作業スペースを設ける場合には、基礎、地下躯体工事の場合と同様に、稼働範囲内の路盤を整備する。

●組立、解体

　定置式クレーンの場合は、後続の地上躯体工事や外装工事に使用する場合と、鉄骨建方終了後に撤去して、新たに、鉄骨架構上に小型の定置式クレーンを設置する場合がある。移動式クレーンの場合は、鉄骨建方終了後、直ちに自機で、または撤去用補助クレーンで解体、搬出する。

## 5.4 地上躯体、外装工事

### ●機械選定

鉄骨建方に使用した定置式クレーンを鉄骨建方終了後に撤去して、新たに小型のクレーンを設置する場合は、

①建方終了後、必要に応じて鉄骨架構を補強し、その上に設置構造を設け、定置式クレーン（起伏ジブクレーン）を設置する
②鉄骨架構の上に設置したクレーンを、走行装置の上で一定区域を走行させる
③建方が終わった鉄骨架構の外部、または中庭などの内部空間に定置式クレーンを設置する
④外部の仮設道路などに揚重スペースを設定して、高能率な移動式クレーンで揚重運搬作業を行う

などが考えられる。

クレーンでは直接目的位置まで運搬できず、荷受け構台、移動桟橋、材料置場構台などの荷受け用の仮設設備を必要とする場合もある［図6］［図7］。

資機材や人員を作業階に運ぶ揚重運搬施設として、クレーン以外にリフトやエレベータを設け、作業床上では、水平運搬を行う輸送機器を使用する場合もある。

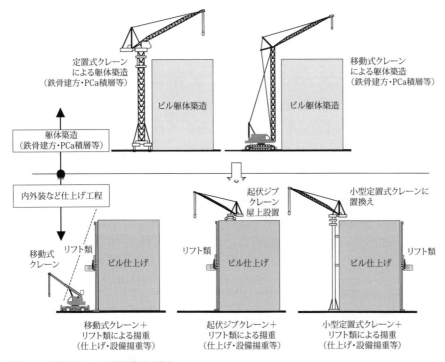

図6　一般的なクレーン設置計画の流れ

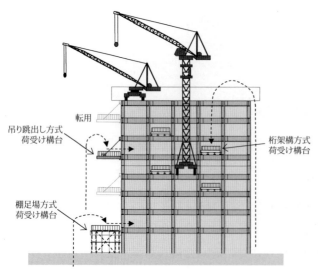

図7　荷受け構台

## ●配置計画と設置期間

鉄骨工事完了後または並行して、クレーンやリフトを設置し、地上躯体工事や外装工事に使用する。解体撤去は主要な資機材のほとんどの搬入を終えた時点で、後続の仕上げ、設備、外構などの工事に支障が生じない時期に行う。高層建物では、クレーンやリフトは、躯体床の構築に応じて、クライミング、盛替えを繰り返して上方へ伸ばす。配置は、荷卸し搬入スペースやストックヤードから近く、建物や工区のなかで資機材の搬出入に便利な位置を選ぶ。

## ●設置構造

鉄骨架構上に設置するクレーン架台（設置構造）は、クレーンから加わる荷重に十分耐えられるものとし、転倒や位置のずれなどが生じないよう鉄骨に固定する。外力としては地震時、暴風時、作業時に対して検討する。

荷受け構台や材料置場構台は許容積載荷重を設定し、それに十分耐えられる構造とする。

## ●組立、解体

高層建築で建物内部に設置したタワークレーンは、解体用のジブクレーンを屋上に設置して解体、撤去する。解体用のジブクレーンは、さらに小型のクレーンに置き替えての解体を繰り返し、最終の小型クレーンはエレベータやリフトで搬出する。

エレベータやリフト、建物外部に設置したタワークレーンはクライミングの逆の手順で解体、撤去する。中低層の建物の場合は、外部から移動式クレーンで撤去することも可能である［図8］。

■ポイント
大型の定置式タワークレーンを設置する場合のほとんどで、本設躯体の補強が必要になる。早期に検討可能な場合には、本設躯体のメンバーアップ対応とし、構造の変更申請として対応することが望ましい。

■ポイント
建物外部に設置したタワークレーンを逆クライミングで解体撤去する場合、建物と運転室の関係でブーム角度は限定されるので、ブームの解体ヤードに注意を要する。

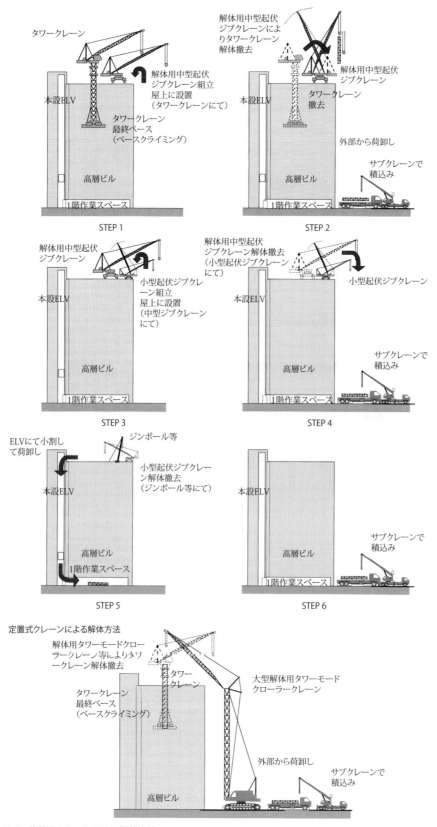

図8 移動式クレーンによる解体方法

揚重運搬設備 185

## 5.5 一般揚重計画

### ●機械選定

　各階の床が構築されてから行う、仕上げ材や設備材の揚重運搬を対象とする計画が一般揚重計画である。鉄骨工事を筆頭に、躯体工事や外装工事で使用する揚重機械や運搬の対象とする部材は比較的大きく、それらを大型揚重とするなら、一般揚重は小型揚重とでも呼ぶべきものである。扱う部材は比較的小さい反面、多種多様であり、かつ大量である。

　水平運搬も大きなウエートを占め、機器もエレベータ、リフト、搬送システム、フォークリフトなどが使われる。作業人員も大幅に増え、人員輸送も重要な課題となり、人専用、人荷兼用など、エレベータの使い分けも必要となる。

　いつ、なにを、どこに、どのように、的確に無駄なく運ぶかがポイントになるが、揚重運搬計画の主な留意点は、

①複合化、プレファブ化、ユニット化を推進し、揚重量を減らす

②仮設材、梱包材を減らす

③揚重作業の的確性や安全性を確保するために、通信連絡の方法や表示の設備を充実させる

④パレットやコンテナの使用により、揚重運搬作業を単純化する

⑤バッファとなるストックヤードを広く適切に設ける

などである。

　また、揚重機は、

①速く運搬できる

②盛替え、延長、解体が容易である

③揚程に余裕がある

④故障が少なく、信頼性が高く、実績がある

⑤安全装置が充実している

⑥損料が安い

などに留意して選定する。

### ●配置計画と設置期間

　エレベータ、リフトの設置台数は、以下の手順で求める。

①建築面積から概略揚重量を算出する。

②工程表から揚重実日数、時間を仮定する。

③一日当りの必要揚重量を求める。

④揚重機械、搬送機械サイクルタイムを性能から算出する。

⑤ピーク時を考慮し、逆算して、必要な機器の台数を算定する。
⑥山積み、山均しを行い、無駄を調整する。

　鉄骨建方完了後、可能であれば床ができるまでにクレーンやリフトを設置し、初期の揚重に間に合わせる。解体撤去は主要な資機材の大半が搬入を完了し、仮設材や廃棄物の搬出がほぼ完了した時点で、後続の仕上げ、設備、外構などの工事に支障が生じない時期に行う。高層建物では、本設エレベータの仮設利用開始まで設置することが多い。

　荷卸し搬入に便利で、ストックヤードから近く、手運搬が少なく、他の動線と錯綜しないなどの条件を考慮して、建物、あるいは工区のなかで資機材の搬出入にもっとも便利で、設置広さを確保できる場所を選んで設置する［図9］。

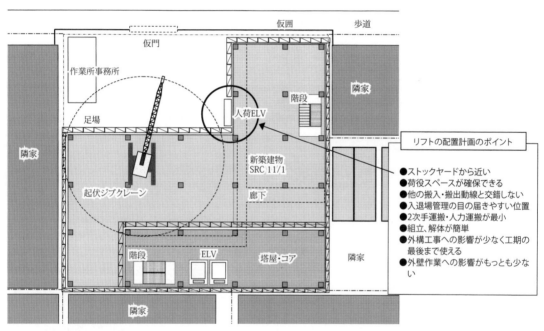

図9　リフトの配置計画のポイント

　基礎の形式としては、形鋼敷き、基礎コンクリート打ちなどとすることが多い。本設構造体に載せる場合は、スラブのパンチング破壊などを防止するために、仮設桁や補強梁などを設ける。また、水平力によるずれや変形が生じないよう控えを設けて拘束する。控えに加わる風、地震、衝撃などの荷重や主柱の座屈拘束のために必要な力は、壁つなぎアンカー、鉄骨梁や荷受けステージからの仮設鋼材で確保する［図10］［図11］［図12］。

●組立、解体
　組立、解体は地上躯体工事や仕上工事の場合と同様に行う。

■ポイント
免震構造の場合で、人荷エレベータの基礎を非免震部に配置する場合には、基礎をスライド形式にしたり、仮設鋼材等を設けて、控え位置を大きくとり、ガイドレールの変形角を緩やかにするなどの工夫が必要である。

揚重運搬設備　187

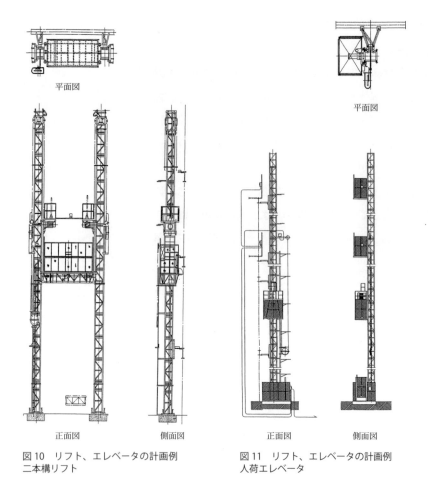

図10 リフト、エレベータの計画例
二本構リフト

図11 リフト、エレベータの計画例
人荷エレベータ

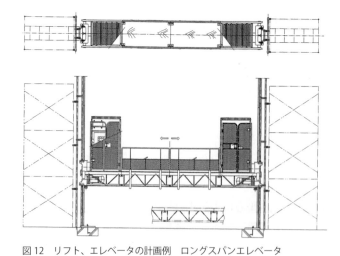

図12 リフト、エレベータの計画例　ロングスパンエレベータ

# 6 揚重運搬機械の運用

## 6.1 揚重運搬管理システム

揚重運搬の作業量は膨大なため、計画段階から搬入量を画一化、平準化して、揚重運搬機器の負荷を山均しすれば、作業能率、経済面での効果は大きい。計画段階から、関連協力会社の参加を求め、揚重量、重さ、荷姿を把握し、タイムスタディから揚重設備の能力、台数を決定するとよい。揚重専門会社などに依頼して、揚重依頼書、荷札、予定表などによる揚重運搬管理をパソコンを用いて行い、進行結果を逐次フィードバックする揚重計画支援システム、管理システムが開発され、使われている［図13］。

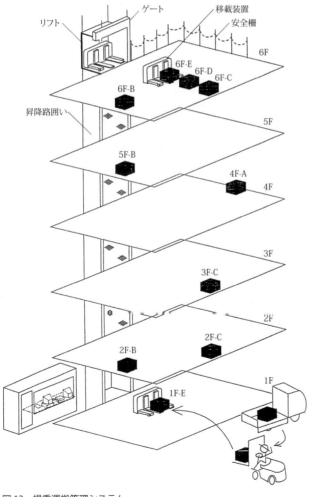

図13 揚重運搬管理システム

## 6.2 タクトシステムによる揚重負荷の平準化

　工程計画の手法にタクトシステムがある。単位作業の繰返し形態をタクトと呼ぶ均等日数に割り込み、自動的に平準化、山均しを達成する手法であるが、揚重運搬計画の無駄を省くためにも効果が大きい［図14］。

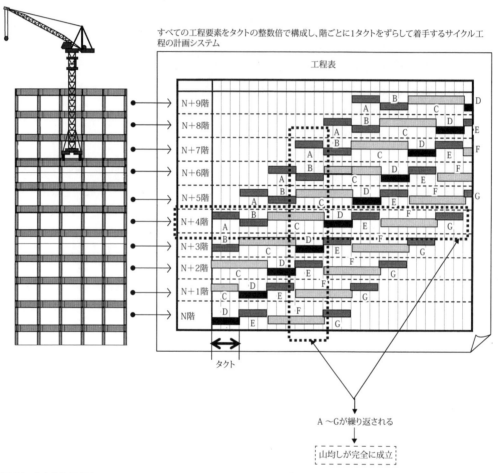

図14　タクトシステム

参考文献・図版出典
・稲垣秀雄著『絵で見る建築工事管理のポイント』彰国社　1992年（表5）

## 著者紹介

**大屋準三**（おおや じゅんぞう）
1932 年　東京都生まれ
1963 年　東京大学工学部建築学科卒業
同　　年　戸田建設（株）入社
　　　　　ヒロセ（株）（1990 年〜 1997 年）
2020 年　死去
主な著書　『図解山留め計画』（彰国社）、『建築仮設物の構造計算入門』
『建築施工計画実践テキストⅠ　仮設工事編』『イラストでみる　建築
工事の墨出しマニュアル』（以上、彰国社・共著）


**上長三千良**（かみなが みちよし）
1958 年　兵庫県生まれ
1982 年　長崎大学工学部構造工学科卒業
同　　年　戸田建設（株）入社
　　　　　戸田建設（株）東京支店建築工事技術部・建築技術営業部
　　　　　部長を経て
2023 年　戸田建設（株）九州支店建築環境品質管理部品質管理課・
　　　　　建築技術営業部　プリンシパルエンジニア
　　　　　現在に至る
主な著書　『仮設構造物計画の手引き』（日本建築学会）、『建築施工計
画実践テキストⅠ　仮設工事編』（彰国社・共著）


**稲垣秀雄**（いながき ひでお）
1948 年　東京都生まれ
1967 年　東京工業大学理工学部付属工業高等学校建築科卒業
同　　年　戸田建設（株）入社
　　　　　現場、工事技術部門、技術営業部門を経て
2014 年　退職、現在に至る
主な著書　『絵で見る 建築工事管理のポイント　こまったときの処方
箋』（彰国社）、『建築施工計画実践テキストⅠ　仮設工事編』（彰国社・
共著）、『ここに注意　鉄骨建て方計画』（理工図書）、『疑問に答える
建築鉄骨工事の施工ノウハウ』（近代図書）

若手エンジニアのための　建築仮設工事テキスト

2018 年 6 月 10 日　第 1 版 発　行
2025 年 6 月 10 日　第 1 版 第 2 刷

著　者　　大 屋 準 三・上 長 三 千 良
　　　　　稲 垣 秀 雄

著作権者と
の協定によ
り検印省略

発行者　　下　　出　　雅　　徳

発行所　　株式会社　彰　　国　　社

162-0067 東京都新宿区富久町8-21
電話　03-3359-3231（大代表）
振替口座　　00160-2-173401

自然科学書協会会員
工 学 書 協 会 会 員

Printed in Japan

© 大屋準三・上長三千良・稲垣秀雄　2018 年　　　印刷：壮光舎印刷　製本：プロケード

ISBN 978-4-395-32111-7　C3052　　　https://www.shokokusha.co.jp

本書の内容の一部あるいは全部を、無断で複写（コピー）、複製、および磁気または光記録
媒体等への入力を禁止します。許諾については小社あてにご照会ください。